Disfrute gratuitamente **DURANTE UN AÑO** de los eBook y audiolibros de las obras de Editorial Colex*

⊗ Acceda a la página web de la editorial **www.colex.es**

⊗ Identifíquese con su usuario y contraseña. En caso de no disponer de una cuenta regístrese.

⊗ Acceda en el menú de usuario a la pestaña «Mis códigos» e introduzca el que aparece a continuación:

RASCAR PARA VISUALIZAR EL CÓDIGO

Delitos relativos a las drogas. Paso a paso

⊗ Una vez se valide el código, aparecerá una ventana de confirmación y su eBook y/o audiolibro estará disponible **durante 1 año desde su activación** en la pestaña «Mis libros» en el menú de usuario.

---

* Los audiolibros están disponibles en las ediciones más recientes de nuestras obras. Se excluyen expresamente las colecciones «Códigos comentados», «Biblioteca digital» y los productos de www.vademecumlegal.es.

No se admitirá la devolución si el código promocional ha sido manipulado y/o utilizado.

¡Gracias por confiar en nosotros!

La obra que acaba de adquirir incluye de forma gratuita la versión electrónica. Acceda a nuestra página web para aprovechar todas las funcionalidades de las que dispone en nuestro lector.

Funcionalidades eBook

Acceso desde cualquier dispositivo con conexión a internet

Idéntica visualización a la edición de papel

Navegación intuitiva

Tamaño del texto adaptable

 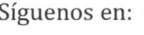

LA EXENCIÓN EN IRPF POR REINVERSIÓN EN VIVIENDA HABITUAL

Todas las claves para conocer en qué consiste este beneficio fiscal, cuáles son sus requisitos y cómo aplicarlo con éxito

DELITOS RELATIVOS A LAS DROGAS

Guía sobre los delitos relacionados con el cultivo, la elaboración, el tráfico y el consumo ilegal de substancias psicotrópicas y drogas tóxicas

DELITOS RELATIVOS A LAS DROGAS

Guía sobre los delitos relacionados con el cultivo, la elaboración, el tráfico y el consumo ilegal de substancias psicotrópicas y drogas tóxicas

2.ª EDICIÓN 2024

Obra realizada por el Departamento de Documentación de Iberley

COLEX 2024

Copyright © 2024

© Editorial Colex, S.L.
Calle Costa Rica, número 5, 3.º B (local comercial)
A Coruña, C. P. 15004
info@colex.es
www.colex.es

I.S.B.N.: 978-84-1194-618-6
Depósito legal: C 1581-2024

SUMARIO

ANEXO I.
CUADROS DE DOSIS MÍNIMAS PSICOACTIVAS Y CANTIDADES DE NOTORIA IMPORTANCIA

ANEXO II.
CASOS PRÁCTICOS

ANEXO III.
FORMULARIOS

0.
INTRODUCCIÓN

¿Qué se entiende por tráfico de drogas?

Para definir el delito de tráfico de drogas debemos acudir al artículo 368 del Código Penal. De él deducimos que dicho delito puede definirse como un delito contra la salud pública que es cometido por aquellos que ejecuten actos de cultivo, elaboración o tráfico, promuevan, favorezcan o faciliten el consumo ilegal de drogas tóxicas, estupefacientes o sustancias psicotrópicas, o las posean para ese fin.

La presente obra analiza las diferentes penas que conlleva dicho delito, analizando los distintos tipos atenuados de los artículos 368 y 376 del Código Penal, así como las agravaciones de primer y segundo grado. Además, se llevará a cabo un análisis sobre las consecuencias penales derivadas del autoconsumo y del autocultivo de drogas, así como del particular caso de las asociaciones cannábicas, a través de un examen de la jurisprudencia del Alto Tribunal.

En la actualidad, el consumo de estupefacientes y drogas tóxicas a través de asociaciones generan un conjunto en lo que respecta a su legalidad dado que dicha actividad se desarrolla en un entorno de vacío legal, pues no existe regulación alguna, ni estatal ni autonómica de las mismas. Es el Supremo quien establece que dicho consumo compartido en asociaciones no constituye una conducta punible. Para que ello sea así, han de darse una serie de circunstancias como que los consumidores sean habituales o adictos y se agrupen para consumir las sustancias; que el lugar donde se lleve a cabo dicha actividad sea un lugar cerrado a fin de evitar la exposición pública de dicho consumo; que el mismo sea un consumo inmediato, no pudiendo rebasarse las cantidades limitadas al consumo diario; o bien que no pueda mediar contraprestación remuneratoria por parte de los drogodependientes.

Asimismo, se da respuesta a diferentes cuestiones sobre este delito como puede ser la relativa a los precursores de drogas, a través del análisis de jurisprudencia del Tribunal Supremo, como puede ser su sentencia n.º 940/2011, donde asentó que:

> «Se considera "precursor" toda materia que sirve de manera específica y esencial para la fabricación de un producto químico determinado. Se

incorpora a la molécula de droga (producto final) y entra a formar parte de la estructura molecular final de la sustancia. Los precursores son utilizados como reactivos, disolventes o catalizadores en los distintos procesos químicos necesarios para la elaboración de drogas tóxicas, estupefacientes o sustancias psicotrópicas».

A lo largo de los capítulos de este libro encontrarán información sobre la concurrencia del delito de tráfico de drogas con otros delitos como puede ser el blanqueo de capitales. De igual manera, se hace una distinción de los tipos de concurso de delitos de la mano —como se ha adelantado ya— de la amplia jurisprudencia del Supremo. Un ejemplo de ello sería la STS n.º 544/2016, que señala que: «en el concurso ideal de delitos, el hecho lesiona distintos bienes jurídicos, cada uno de los cuales es tutelado por una norma penal concurrente, de suerte que aquel hecho naturalmente único es valorativamente múltiple, pues su antijuricidad es plural y diversa, y para sancionar esa multiplicidad de lesiones jurídicas es necesario aplicar cada una de las normas que tutelan cada bien jurídico lesionado». Se estaría definiendo el concurso ideal de delitos.

Otro tipo de concurso de delitos sería el concurso real, que es definido por la RAE como la «situación que se produce cuando un mismo sujeto lleva a cabo en un cierto espacio de tiempo dos o más hechos que constituyen dos o más delitos».

De igual modo, en otra de sus resoluciones, el Supremo ha definido lo que se entiende por concurso medial al fijar en su sentencia n.º 520/2017 que el «concurso medial, también conocido como teleológico o instrumental; (..) es una modalidad del concurso real (pluralidad de acciones en correspondencia con una pluralidad de delitos) sancionado como si se tratase de un concurso ideal (unidad de acción con pluralidad de delitos».

Estaríamos, pues, ante tres variables de concurso de delitos, de las cuales se hará un estudio más pormenorizado a lo largo de esta guía.

¿Qué límites existen para el cumplimiento de las penas en caso de que se produzca una concurrencia de delitos? El artículo 76 del Código Penal concreta los límites cuando establece que el máximo efectivo de la condena del culpable no podrá exceder del triple del tiempo por el que se le imponga la pena más grave de todas en las que haya incurrido. El mismo precepto declara extinguidas aquellas penas que procedan desde que las que ya han sido impuestas cubran ese máximo, que no podrá ser superior a 20 años. **¿Puede variar ese límite de 20 años?** El propio artículo 76 del Código Penal fija cinco excepciones al mismo que serán analizadas a través de las distintas resoluciones de nuestro Alto Tribunal, además de esquemas que brindan una respuesta práctica y clara.

Otro supuesto tratado en esta obra es una de las consecuencias de la comisión de los delitos relacionados con las drogas: el decomiso. **¿En qué consiste? ¿Qué tipo hay? ¿A dónde se destinan los bienes decomisados?** Todas estas preguntas y muchas más encontrarán una solución fundamentada y analizada paso a paso, junto con una selección de formularios y casos prácticos que ofrecen al lector una visión más práctica de los delitos relacionados con las drogas y sus consecuencias.

1.
EL BIEN JURÍDICO PROTEGIDO EN LOS DELITOS DE TRÁFICO DE DROGAS

Es tarea ineludible antes de comenzar a analizar en profundidad el objeto de estudio que nos ocupa, determinar el alcance del bien jurídico protegido en los delitos de drogas y su tráfico.

En materia penal, para que se llegue a proteger un determinado bien, el propio ordenamiento ha de elevarlo previamente a la categoría jurídica de protegido, siendo en esta materia el objeto de protección la salud pública. Se entiende pues por la voluntad de legislador, que los delitos de drogas tratan de evitar o de perseguir conductas que pueden lesionar o poner en **peligro la salud de las personas, tanto a nivel individual como colectivo.**

Así, el **Tribunal Supremo en su sentencia n.º 1701/2000, de 7 de noviembre, ECLI:ES:TS:2000:8090,** apunta «la salud pública, como tal, no constituye una entidad real de naturaleza biológica, sino una manera verbal de señalar un peligro no permitido dentro del orden social (…)».

Pero **¿cuál es el objeto de protección de este delito?** Según el **Tribunal Supremo en su sentencia n.º 822/2012, de 31 de octubre, ECLI:ES:TS:2012:7278,** «Lo que se sanciona es la puesta en peligro del bien jurídico protegido».

Ahondando en el concepto de salud pública, podemos perfilarlo como un conglomerado de actividades gubernativas proyectadas a todos los niveles administrativos y con alcance sectorial en el ámbito privado, con el fin de prevenir o paliar enfermedades y procurar la recuperación de los individuos tanto a nivel individual como colectivo. Esta sensibilidad normativa, no solo tiene cabida, como no podía ser de otra manera, en la esfera médica o facultativa, sino que también ha de salvaguardarse profusamente en el ámbito penal, tipificando conductas y/o comportamientos generadores de componentes nocivos para la salud de las personas.

La salud pública que protege el Código Penal no es más que la materialización de un afán público del Estado por preservar la salud de sus ciudadanos dentro de unos parámetros constitucionales adecuados, y que vienen plasmados en el artículo 43 de la Constitución Española, en el cual no sólo se reconoce el derecho a la salud de todos los ciudadanos, sino que consagra el mandato imperativo constitucional que vincula a los poderes públicos como garantes de esa protección y tutela, tal y como analizaremos a lo largo de los siguientes temas.

En cuanto a la jurisprudencia del Tribunal Constitucional sobre el derecho a la protección de la salud pública, podemos afirmar que la misma es bastante reducida. Las causas y motivaciones sobre la exigüidad de este alcance jurisprudencial atienden a que el derecho del artículo 43.1 de la CE queda fuera del amparo constitucional del artículo 53.2 de la CE aunque la importancia de este derecho queda patente en la indisoluble conexidad con el derecho a la vida y a la integridad física y moral.

El **artículo 1, párrafo segundo de la Ley 33/2011, de 4 de octubre, General de Salud Pública**, define a la salud pública como el conjunto de actividades organizadas por las Administraciones públicas, con la participación de la sociedad, para prevenir la enfermedad, así como para proteger, promover y recuperar la salud de las personas, tanto en el ámbito individual como en el colectivo y mediante acciones sanitarias, sectoriales y transversales.

La salud pública individual y colectiva, por consiguiente, tiene una connotación integral que abarca la salud física y psíquica de todos los que componen la sociedad. Los delitos que son objeto de estudio vienen pues a configurar el campo de actuación penal con el fin de evitar o paliar todas aquellas acciones que pudiesen resultar nocivas para la salud pública de las personas, siendo las mismas de ineludible procesamiento en el campo criminal, una vez constatadas por las autoridades correspondientes.

Amparándonos en la extensa jurisprudencia de la Sala Segunda del Alto Tribunal, las acciones que pueden llegan a lesionar el bien jurídico aquí analizado, son **actuaciones que no solo se conceptúan como reales, sino que también son perseguibles todas aquellas que puedan ser tenidas en cuenta como potencialmente peligrosas** para la salud pública, ahora bien, han de constituir, cuando menos, una dosis necesaria o adecuada para conseguir una agresión imprescindible para la verificación del delito.

JURISPRUDENCIA

Sentencia del Tribunal Supremo n.º 1346/2004, de 16 de noviembre, ECLI:ES:TS:2004:7417

«(...) el "bien jurídico a proteger" en este tipo penal, para poner de manifiesto que "la salud pública" -título bajo el que se halla el art. 368 del Código Penal -v. Cap. III, Tít. XVII CP-, dentro del más genérico de "la seguridad colectiva" -que corresponde al citado Título- es un concepto que "debería tender a aglutinar tanto los aspectos médicos, sociales y económicos, como los específicamente jurídicos" y que "salvaguardar la indemnidad de la salud pública resulta a veces de difícil maridaje con los derechos de los ciudadanos a disponer de su propia salud particular", por cuanto "la salud pública, como bien jurídico protegido, se independiza (...) de la tutela propia que la salud individual tiene reconocida", dado que lo que se pretende con estos tipos penales "no es tutelar la salud concreta e individual de las personas, que ya es objeto de protección en otros capítulos del Código Penal. Lo que se trata es de evitar la creación de riesgos añadidos que puedan afectar al nivel de salud general de un país (...)».

Sentencia del Tribunal Supremo n.º 520/2005, de 25 de abril, ECLI:ES:TS:2005:2545

«(...) El bien jurídico protegido por el delito contra la salud pública del art. 368 del Código Penal no es concretamente la salud individual de las personas, sino la "salud pública", que representa un interés de naturaleza global o colectiva integrado en el concepto más amplio de la "seguridad colectiva", recogido expresamente en el Título XVII del Libro II del Código Penal (...)».

2.
SUJETO ACTIVO Y PASIVO DEL DELITO DE TRÁFICO DE DROGAS

¿Quién es el sujeto activo en el delito de tráfico de drogas?

En cuanto al **sujeto activo**, el **artículo 368 del Código Penal** perfila como autores, a quienes:

> «Los que **ejecuten actos de cultivo, elaboración o tráfico**, o de otro modo **promuevan, favorezcan o faciliten el consumo ilegal de drogas** tóxicas, estupefacientes o sustancias psicotrópicas, o **las posean con aquellos fines** (...)»

Se refleja en la lectura de este artículo que el legislador ha plasmado una correlación de conductas de carácter abierta y que encierra todos aquellos actos de cultivo, elaboración y tráfico, de igual manera a todas aquellas conductas referidas al consumo ilegal de drogas como las de promoción, favorecimiento, facilitación o posesión con aquellos fines.

Con esta enumeración, el legislador, ha querido abarcar todas las esferas de actuación posibles dentro de la habilidad o artificio delictual que pudiesen redundar en el favorecimiento del consumo y tráfico de drogas.

Así, el **Tribunal Supremo aclara en su sentencia n.º 774/2022, de 22 de septiembre, ECLI:ES:TS:2022:3508:**

> «4.- Es difícil que en cualquier acción dirigida a acercar las sustancias estupefacientes al consumidor, no pueda subsumirse en alguno de los verbos nucleares de "promover", "facilitar" o "favorecer" el consumo de sustancias tóxicas, previsto en el tipo penal; **habiendo entendido esta Sala que, aun sin alcanzarse una detentación material de la droga, siempre que se consigue una disponibilidad de la misma, que queda sujeta a la voluntad del adquirente, el delito queda consumado.**
> 5.- Están incluidos como detentadores materiales de la droga, ya que tienen disponibilidad sobre la misma, **bien que muy limitada en ocasiones los transportistas y correos y los que hacen labores de guarda y custodia, realizando todos ellos comportamientos que conjugan los verbos favorecer y facilitar**».

¿Quién es el sujeto pasivo en el delito de tráfico de drogas?

Por el contrario, el **sujeto pasivo es la colectividad**, en cuanto conjunto de personas que constituyen la sociedad y que es objeto de protección constitucional y normativa. La colectividad encuadrada dentro del contexto de avances legislativos y jurisprudenciales se materializa en la protección de los intereses supraindividuales o colectivos y **calificados por parte de la doctrina como intereses difusos**.

Así, el Tribunal Supremo en su **sentencia n.º 781/2003, de 27 de mayo, ECLI:ES:TS:2003:3582**, declara al respecto del sujeto pasivo en el presente delito, lo que sigue:

> «Pues bien, el delito contra la salud pública es un ilícito de riesgo abstracto y de consumación anticipada en el que el bien jurídico protegido es la salud pública, consumándose la infracción con la ejecución de alguna de las acciones incluidas en el precepto penal, resultando indiferente a los efectos de la calificación la eventual lesión o perturbación física o psíquica de la persona que, finalmente, consume la droga objeto del tráfico ilícito, precisamente porque **en esta figura delictiva el sujeto pasivo no es la persona concreta, receptora y consumidora de la sustancia prohibida, sino el colectivo social cuyo bienestar sanitario es el objeto de protección de la norma**, por lo que los resultados dañosos que dicho consumo produzca en el consumidor del producto queda extramuros del marco del tipo penal».

JURISPRUDENCIA

Sentencia del Tribunal Supremo, rec. 203/2018, de 28 de mayo de 2019, ECLI:ES:TS:2019:1706

«En lo que hace referencia al delito contra la salud pública, al ser un delito de mera actividad, de resultado cortado, o de consumación anticipada, además de un delito de peligro abstracto, rige una descripción extensiva del concepto de autor que abarca a todos los que realizan actos de favorecimiento para el tráfico y que, en principio, excluiría las formas accesorias de la participación. La jurisprudencia de esta Sala ha identificado que el favorecimiento o facilitación del tráfico prohibido determina la responsabilidad por este delito, si bien, de manera excepcional, hemos reconocido formas accesorias de participación en supuestos de colaboración mínima, esto es, cuando se realizan conductas auxiliares de segundo orden en beneficio del verdadero traficante. El favorecimiento al favorecedor del tráfico, mediante la aportación de conductas complementarias, subordinadas y de poca entidad respecto de la acción principal, cuando el partícipe conoce el destino de su colaboración (así se recoge en el intangible relato fáctico de la sentencia de instancia) pero no se encuentra vinculado al negocio de la droga, permite contemplar una participación en grado de complicidad. Y así lo ha reconocido nuestra jurisprudencia respecto de comportamientos como la cesión de un teléfono para que fuera utilizado por el traficante (STS 933/09, de 1 de octubre), en un proceder homogéneo a la adquisición del teléfono y su puesta a disposición de aquellos que van a desarrollar la actividad de importación y distribución de la droga».

3.
TIPO OBJETIVO EN EL DELITO DE TRÁFICO DE DROGAS

En cuanto a la descripción del elemento objetivo, el legislador ha establecido una enumeración abierta que atiende a las siguientes modalidades delictivas: cultivo y producción, elaboración o fabricación, tráfico, otras formas de promover, facilitar o favorecer el consumo ilegal de drogas tóxicas, estupefacientes o sustancias psicotrópicas y, además, la posesión con aquellos fines.

CUESTIÓN

¿Qué podemos entender por sustancia psicotrópica?

De acuerdo con el artículo 1 del Convenio de Viena de 21 de febrero de 1971, una sustancia psicotrópica es cualquier sustancia, natural o sintética, o cualquier material preparado que se establezca en la Lista I, II o IV del referido convenio.

El **Tribunal Supremo en su sentencia n.º 134/1999, de 3 de febrero, ECLI:ES:TS:1999:624**, ha declarado que lo que realmente ha querido el legislador ha sido remarcar los dos momentos fundamentales de todo el círculo económico que va inherente en la comercialización de la droga:

- **Producción agrícola o industrial** (cultivo y elaboración).

- **Distribución**, donde se puede incluir la posesión de drogas para tal fin, como proyecto ideado con intención de consumar la transmisión de la droga en general, lo que lejos de ser un acto preparatorio o impune, entra igualmente en la descripción legal.

Así, señala la **sentencia de la Audiencia Provincial de Madrid n.º 853/2018, de 10 de diciembre, ECLI:ES:APM:2018:17500**:

«Siendo modalidades del comportamiento prohibido del tipo objetivo, entre otros, los actos principales de tráfico (venta, permuta) y los previos como la tenencia».

CUESTIÓN

¿Cuándo el cultivo de marihuana entra dentro del tipo objetivo del delito de tráfico de drogas?

La sentencia del Tribunal Supremo n.º 306/2022, de 25 de marzo, ECLI:ES:TS:2022:1270, señala que la tipicidad se predica de todo cultivo, en tanto

---

que pone en peligro el bien jurídico protegido, no significa sin más que el delito alcance el grado de consumación por la sola acción de plantación o semillado, se requiere que tal cultivo se encuentre en condiciones de servir a la finalidad que se persigue con el mismo, cual es la extracción de los productos naturales necesarios para obtener su fruto.

Por ello, en casos de mínimo desarrollo del cultivo, el TS considera la posibilidad de tentativa.

La **Audiencia Provincial de Murcia n.º 122/2023, de 16 de mayo, ECLI:ES:AP-MU:2023:1336**, por su parte, entiende que 100 plantas de marihuana en estado de floración es notablemente superior al que razonablemente cabría pensarse en un cultivo de autoconsumo.

Otra de las cuestiones que han venido resuelto nuestros tribunales es los casos de las personas que actúan como «correo», **más coloquialmente conocidos como «mulas». La Audiencia Provincial de Murcia en su sentencia n.º 47/2011, de 9 de mayo, ECLI:ES:APMU:2011:1091**, ha señalado al respecto que:

«Pudiéndose considerar como transporte o medio de transporte, no sólo los que lo son realmente, sino cualquier persona que actúa como "correo"».

En el mismo sentido, la **Audiencia Provincial de Barcelona n.º 329/2008, de 30 de mayo, ECLI:ES:APB:2008:5312**, afirma que desde que una de las partes pone en marcha el mecanismo de transporte de la droga el delito queda consumado, y esto será de aplicación también cuando se acredite la existencia de un pacto o convenio previo entre los que envían la droga y los que la han de recibir.

JURISPRUDENCIA

Sentencia del Tribunal Supremo n.º 352/2018, de 12 de julio, ECLI:ES:TS:2018:2745

«(…) el cultivo de plantas que producen materia prima para el tráfico de drogas es un acto característicamente peligroso para la salud pública, no obstante… …, favorezcan o faciliten el consumo ilegal de drogas tóxicas o estupefacientes, objetivo o finalidad que debe estar presente en todas las acciones que se incluyen en el tipo, incluida la posesión, el cultivo e incluso la elaboración o el tráfico, pues ni el tráfico legal, en el ámbito farmacéutico por ejemplo, ni el cultivo con fines de investigación o consumo propio, constituyen conductas idóneas para (…)»

Sentencia del Tribunal Supremo n.º 858/2013, de 19 de noviembre, ECLI:ES:TS:2013:5806

«(…) La conducta típica del tráfico de drogas se concreta en la tenencia y venta de la droga. En la venta se sustituye el valor de la droga por su equivalencia en dinero que se transforma en unos bienes que se relacionan (inversión y adquisición de un vehículo, moto y embarcación). Esos efectos son consecuencia del delito y por ello el Código penal prevé, de una parte el comiso de los efectos y ganancias del delito (art. 127) y la valoración de la droga es el criterio rector para la imposición de la pena pecuniaria proporcional a la operación de tráfico».

4.
MODALIDADES DEL DELITO DE TRÁFICO DE DROGAS

En los delitos relativos a drogas, lo **serán las drogas tóxicas, estupefacientes y sustancias psicotrópicas, y de igual manera, lo son también los denominados precursores.**

Nuestro Código Penal no detalla una descripción clara y taxativa sobre cuáles han de considerarse tales sustancias (drogas tóxicas, estupefacientes y sustancias psicotrópicas). Por consiguiente, podemos añadir que estamos ante un tipo penal en blanco necesitado de complementación normativa.

Así, el Tribunal Supremo ha consolidado el criterio según el cual droga tóxica a los efectos del artículo 368 del CP es aquella **sustancia que sea apta para producir los efectos que se son propios.** Y esto, en función de la cantidad de principio activo registrada en concreto y de la capacidad del producto para incidir negativamente en la salud del eventual afectado (**STS n.º 386/2008, de 27 de junio, ECLI:ES:TS:2008:3349**).

La jurisprudencia de la Sala Segunda del Tribunal Supremo se remite de igual manera a los Convenios Internacionales suscritos por España, con el fin de precisar los conceptos objeto del delito de drogas. Es de obligado cumplimiento hacer constar que, tanto a nivel cuantitativo y cualitativo, el objeto de los delitos de drogas tóxicas, estupefacientes y sustancias psicotrópicas están en sistemática alteración sobre su noción, siendo objeto de continuo tratamiento científico y médico legal debido a las constantes apariciones de drogas nuevas o adulteradas que precisan de acomodamiento jurídico y normativo.

Asimismo, la jurisprudencia hizo en su momento, referencia reiterada a la Ley 17/1967, de 8 de abril, por la que se actualizaron las normas vigentes sobre estupefacientes, adaptándolas a lo establecido en el convenio de 1961 de las Naciones Unidas, y que predominó en el marco de actuación del Estado Español en la lucha contra el tráfico de drogas a todas las escalas durante largos años.

Esta Ley 17/1967, de 8 de abril, establece en su artículo segundo lo que sigue:

> «Uno. A los efectos de la presente Ley, se consideran estupefacientes las sustancias naturales o sintéticas incluidas en las listas I y II de las anexas al Convenio Único de mil novecientos sesenta y uno de las Naciones

Unidas, sobre estupefacientes y las demás que adquieran tal consideración en el ámbito internacional, con arreglo a dicho Convenio y en el ámbito nacional por el procedimiento que reglamentariamente se establezca".

Dos. Tendrán la consideración de artículos o géneros prohibidos los estupefacientes incluidos o que se incluyan en lo sucesivo en la IV de las listas anexas al citado Convenio, que en consecuencia no podrán ser objeto
de producción, fabricación, tráfico, posesión o uso, con excepción de las
cantidades necesarias para la investigación médica y científica, incluidos
los experimentos clínicos con dichos estupefacientes que se realicen bajo
la vigilancia y fiscalización de la Dirección General de Sanidad».

Así, el Convenio Único de 1961 de las Naciones Unidas (publicado en el
BOE del 4 de noviembre de 1981) nos arroja las siguientes definiciones:

- **Cannabis**: se entiende las sumidades floridas o con fruto, de la planta
  del cannabis (a excepción de las semillas y las hojas no unidas a las
  sumidades) de las cuales no se ha extraído la resina, cualquiera que
  sea el nombre con que se las designe.

- **Planta de cannabis**: se entiende toda planta del género cannabis.

- **Resina de cannabis**: se entiende la resina separada, en bruto o puri-
  ficada, obtenida de la planta del cannabis.

- **Arbusto de coca**: se entiende la planta de cualesquiera especies del
  género Erythroxilon.

- **Hoja de coca**: se entiende la hoja del arbusto de coca, salvo las hojas
  de las que se haya extraído toda la ecgonina, la cocaína o cualesquiera otros alcaloides de ecgonina.

- **Estupefaciente**: se entiende cualquiera de las sustancias de las listas
  I y II, naturales o sintéticas.

Si bien, el Real Decreto 1194/2011, de 19 de agosto, establece el procedimiento mediante el cual una sustancia natural o sintética, no incluidas en las
citadas litas I y II del Convenio Único de 1961 de las Naciones Unidas o que
no haya adquirido tal consideración en el ámbito internacional, sea considerada estupefaciente en el ámbito nacional.

Así, aquellas sustancias susceptibles de ser consideradas como estupefacientes deben cumplir con todos o algunos de los siguientes criterios:

- Semejanzas con otras sustancias estupefacientes conocidas.

- Utilidad terapéutica.

- Riesgo de abuso.

- Fiscalización en otros países y decisiones adoptadas por los órganos
  competentes de la Unión Europea o por los organismos internacionales de los que el Reino de España sea miembro.

- Otros criterios concurrentes que puedan fundamentar la fiscalización
  como estupefaciente en España de nuevas sustancias.

Con el fin de superar las barreras que, según la doctrina, ha suscitado esta
norma penal en blanco del artículo 368 del Código Penal, sobre la incorpo-

ración a la categoría de estupefacientes y sobre las sustancias a calificar, la jurisprudencia del Tribunal Supremo se ha basado en informes técnicos-toxicológicos bajo los 4 criterios de las normas internacionales antes citadas, que son:

- Primero: lesividad para la salud.
- Segundo: nivel de dependencia en el consumidor.
- Tercero: número de fallecimientos por intoxicación.
- Cuarto: grados de tolerancia.

CUESTIÓN

¿El CBD (cannabidiol) entra dentro del concepto de estupefaciente?

Partiendo del concepto de CBD como molécula presente en el cáñamo que forma parte de la familia de los cannabinoides y que se produce a partir de plantas de cáñamo utilizadas en su totalidad, hojas y flores incluidas y atendiendo a la sentencia mencionada, se remite el Derecho de la Unión para definir los conceptos de droga y estupefaciente al Convenio sobre Sustancias Psicotrópicas y a la Convención única sobre Estupefacientes, considerando que no se incluye en el primero y si bien en el segundo a través de una interpretación literal. Así el TJUE en su sentencia asunto n.º C-663/18, de 19 de noviembre de 2020, ECLI:EU:C:2020:938, «Efectivamente, al órgano jurisdiccional remitente le corresponde apreciar si la prohibición de comercializar el CBD legalmente producido en otro Estado miembro, cuando se extrae de la planta Cannabis sativa en su totalidad y no únicamente de sus fibras y semillas, es adecuada para garantizar la realización del objetivo de la protección de la salud pública y no excede de lo necesario para alcanzarlo a la luz de la jurisprudencia citada en los apartados 83 a 92 de la presente sentencia. No obstante, incumbe al Tribunal de Justicia proporcionarle todas las indicaciones necesarias para guiarle en esta apreciación.

Por lo que respecta a la apreciación de la cuestión de si esta prohibición es adecuada para garantizar la realización del objetivo de protección de la salud pública, procede señalar que en la vista se puso de manifiesto que dicha prohibición no afectaría a la comercialización del CBD de síntesis que tuviera las mismas propiedades que el CBD extraído de la planta Cannabis sativa en su totalidad y que pudiera utilizarse como sustituto de este último. Corresponde al órgano jurisdiccional remitente comprobar esta circunstancia, que, de demostrarse, podría indicar que la normativa analizada en el litigio principal no es adecuada para alcanzar, de manera coherente y sistemática, ese objetivo».

Por su parte, el auto de la Audiencia Provincial de Pontevedra n.º 764/2023, de 28 de diciembre, ECLI:ES:APPO:2023:2266A, apunta: «(...) según los conocimientos científicos actuales es necesario tener en cuenta que a diferencia del tetrahidrocannabinol (THC), otro cannabinoide del cáñamo que es el CBD en el estado actual de conocimientos científicos, no contiene un principio psicoactivo, no parece tener efectos nocivos ni psicotrópicos para la salud humana; por lo que sería contrario a la finalidad y espíritu general de la Convención única incluirlo en la definición de estupefaciente como extracto de cannabis. y posteriormente señala que, no obstante, el órgano jurisdiccional nacional debe examinar los datos científicos disponibles para asegurarse de que el riesgo real alegado para la salud pública no se base en consideraciones puramente hipotéticas.

Pues bien, partiendo de las consideraciones contenidas en la sentencia Kanavape y estando al tenor del certificado analítico de las sustancias aprehendidas, el cánnabis

> *solo contiene como se ha expuesto alto contenido en CBD y bajo contenido de THC y del mismo modo, la resina de cánnabis presenta igualmente alto contenido en CBD y bajo contenido en THC. En el certificado analítico se alude a la fiscalización del cánnabis y sus derivados en la Lista I de la convención única de 1961, con independencia de su riqueza en THC u otros cannabinoles; y en el propio certificado se recoge por ello, que el porcentaje de THC únicamente expresaría la actividad farmacológica del cánnabis y derivados; de todo ello no cabe derivar que las muestras contengan principio psicoactivo que pueda afectar al bien jurídico protegido por el tipo penal previsto en el artículo 368 del Código Penal. Por otra parte, siendo cierto como indica el Ministerio Fiscal que es la fase de instrucción aquella en la que procede el esclarecimiento de los hechos (artículo 777 de la LECRIM), también lo es que el certificado analítico ya señala únicamente como se ha expuesto, actividad farmacológica del cánnabis por lo tanto y aún cuando no se haga una precisión expresa del porcentaje, entiende la Sala que el contenido del análisis unido al resto de las consideraciones contenidas en el Auto es suficiente para descartar como se ha expuesto, la afectación del tipo penal; debiendo mantenerse en consecuencia, el sobreseimiento provisional acordado».*

En cuanto al criterio legislativo que marca el **Real Decreto 1194/2011, de 19 de agosto**, nos remitimos al artículo 2 que establece los siguientes criterios de evaluación sobre las sustancias estupefacientes:

- Semejanzas con otras sustancias estupefacientes conocidas.
- Utilidad terapéutica.
- Riesgo de abuso.
- Fiscalización en otros países y decisiones adoptadas por los órganos competentes de la Unión Europea o por los organismos internacionales de los que el Reino de España sea miembro.
- Otros criterios concurrentes que puedan fundamentar la fiscalización como estupefaciente en España de nuevas sustancias.

Asimismo, hay **sustancias y productos químicos que, pese a no ser ilícitas,** no se pueden elaborar ni comercializar, sin hallarse debidamente autorizado, ya que los mismas pueden causar estragos en la salud. Asimismo, pese a hallarse autorizado para el tráfico de las citadas sustancias y productos, los despache o suministre sin cumplir las formalidades previstas estará cometiendo el ilícito penal contemplado en el artículo 360 del CP.

JURISPRUDENCIA

Sentencia del Tribunal Supremo n.º 29/2020, de 04 de febrero, ECLI:ES:TS:2020:204

«El metilfenidatono es un medicamento como el recurrente expresa, sino el principio activo de las presentaciones farmacéuticas denominadas Ritalina, Rubifen o Methylin.Se trata de una sustancia psicotrópica sometida a fiscalización por aparecer comprendida en la Lista II del Anexo del Convenio sobre Sustancias Psicotrópicas, hecho en Viena el 21 de febrero de 1971, al que se adhirió España el 2 de febrero de 1973 (BOE 218, de 10 de septiembre de 1976). Constituye, como todos los elementos recogidos en la Lista II, una sustancia con acción psicoestimulante del sistema nervioso central, con similitudes estructurales y efectos que se asemejan a la anfetamina, estando aprobado para el tratamiento del trastorno por déficit de atención con hiperactividad. Forma parte, por ello, del núcleo de sustancias psicotrópicas usadas indiscriminadamente y que, sin sujeción a control y a pautas médicas, puede ser

gravemente perjudicial para la salud de su usuario. Como las anfetaminas, el metil-fenidato debe ser considerado como una sustancia de las que causan grave daño a la salud de las personas, pues es doctrina reiterada de esta Sala (SSTS 1380/99, de 6 de octubre; 1486/99, de 25 de octubre o 969/03, de 1 de julio) que las sustancias que contienen distintas variaciones anfetamínicas deben ser subsumidas en esta categoría del artículo 368 del Código Penal, por concurrir en ellas los cuatro criterios que los protocolos internaciones emplean para tal calificación: por ser en sí lesiva para la salud; por el nivel de dependencia que crea en el consumidor; por el número de fallecimientos que provoca su intoxicación; y por el grado de tolerancia. Y aunque el principio activo se integra en fármacos de disposición médica ordinaria, constituye una droga de abuso cuando se dispone y utiliza al margen de control facultativo, presentando efectos reforzadores que se asocian con la mejora del ánimo; o con una sensación de aumento de la energía física o de la capacidad mental y del estado de alerta; así como la supresión del apetito; de la fatiga y del sueño; o un aumento de la atención, de locuacidad y de la euforia».

Sentencia del Tribunal Supremo n.º 1038/2010, de 18 de noviembre, ECLI:ES:TS:2010:6219

«(...) el principio activo que compone el fármaco comercializado con el nombre de trankimazin, a saber, el alprazolán, pertenece a la clase de aquellas sustancias que no causan tal grave daño (SSTS 233/2007 y 54/2006), por lo que si bien se ha de mantener la aplicación del artículo 368 lo ha de ser en su modalidad prevista en el inciso 2º, con los efectos en la pena privativa de libertad que se determinará en la segunda sentencia, ajustándose a derecho la calificación jurídica del grado de realización del delito ya que permanece inalterable el contenido del " factum " referente a la posesión destinada al tráfico de los comprimidos de trankimazín que se intervinieron al acusado, lo que impide la calificación jurídica en grado de tentativa al haber sido consumado porque el citado tipo adelanta la barrera de protección a los actos previos de posesión preordenada al tráfico».

5.
TIPO SUBJETIVO DEL DELITO DE TRÁFICO DE DROGAS

Para responder a la anterior cuestión nos remitimos a lo que la jurisprudencia establece como el **ánimo tendencial dentro del elemento subjetivo del tipo de injusto**.

Junto al elemento intelectual de la conducta, es decir, el conocimiento de que lo que se está realizando es un acto nocivo para la salud, es necesario que concurra la materialización de un favorecimiento de **carácter tendencioso a auxiliar, promover o facilitar del consumo ilegal a terceras personas**.

El **punto de vista subjetivo**, en cuanto el dolo del recurrente en su mecánica comisiva **se proyecta no solo sobre la utilización de los medios, modos o formas empleados**, sino también sobre su **tendencia a asegurar la ejecución, así lo señala la sentencia del Tribunal Supremo n.º 100/2019, de 26 de febrero, ECLI:ES:TS:2019:656**.

Por tanto, son necesarios dos elementos básicos para la apreciación del elemento subjetivo:

- **Conocimiento** de que dichas sustancias son drogas.
- **Constatación** de una finalidad trasmisora a terceros.

Así, la **sentencia de la Audiencia Provincial de Madrid n.º 853/2018, de 10 de diciembre, ECLI:ES:APM:2018:17500**, señala con respecto al tipo subjetivo:

> «La **posesión de sustancia estupefaciente para el tráfico entraña un elemento subjetivo del delito que no es susceptible de ser probado de otra forma que no sea mediante la inducción de su existencia a partir de determinadas circunstancias objetivas** que concurren en el hecho que se enjuicia; apreciar el fin de destinar al tráfico la droga poseída entraña un juicio de valor, pues la tenencia de drogas preordenada al tráfico descansa en un elemento subjetivo o intencionalidad inaprehensible, como tal, por los sentidos, que viene deduciéndose de la cantidad de sustancia aprehendida, de las modalidades de la posesión, del lugar en que se encuentra, de la capacidad adquisitiva del acusado en relación con el valor de la droga, actitud adoptada al producirse la ocupación, falta de acreditamiento de la previa dependencia al consumo por parte del acusado, etc., todo lo que

lleva a la deducción razonable, según los casos, de que la tenencia del estupefaciente esté destinada al tráfico o al impune autoconsumo».

Por otra parte, la **cantidad de droga poseída** es un elemento para la prueba del elemento subjetivo del delito, esto es, el ánimo de destinarla al tráfico, pero **no es el elemento subjetivo del delito y, ¿por qué?** Señala el **Tribunal Supremo en su sentencia n.º 183/2019, de 2 de abril, ECLI:ES:TS:2019:1144,** «(...) **pues si fuera así bastaría con la comprobación de que la cantidad detentada superaba el baremo legal que permite su acreditación. Por tanto, resulta necesario justificar por qué en el caso concreto se considera que la cantidad poseída está destinada al tráfico, valorando todas las circunstancias concurrentes** y evitando meros automatismos por cuanto tal entendimiento supondría, en realidad una modificación del tipo objetivo del delito. Lo que se castiga es la tenencia para el tráfico y no la tenencia para el propio consumo, por lo que la finalidad de tráfico debe quedar tan acreditada como cualquier otro elemento del tipo (…)».

6.
CONSUMACIÓN DEL DELITO
DE TRÁFICO DE DROGAS

Parte de la doctrina científica que estudia la teoría general del Derecho Penal, entiende por consumación aquella circunstancia de realización plena de todos los elementos correspondientes al delito, obteniendo el fin típico, es decir, que **el autor ha efectuado todos los requisitos para que se materialice la realización del hecho típico hasta su fase final de ejecución.**

El delito de drogas es conceptuado como un delito de mera actividad, se trata de un delito de peligro abstracto y de consumación anticipada, por lo que los autores descartan la posibilidad de que pueda ser ejecutado en grado de tentativa. Todas las modalidades de la conducta típica del 368 párrafo 1.º del CP anteriormente citadas, **sitúan la punibilidad del delito en un presupuesto fáctico predeterminado, que convierte cualquier fase previa o inicial en una consumación efectiva de las conductas descritas.** Cualquier clase de comportamiento previo y tendencioso del autor, encaminado a la realización del hecho delictivo, se convertiría en una consumación del mismo, descartando pues cualquier vía a la apreciación de un acto intentado. En este punto es donde la jurisprudencia ya reiterada, ha situado la ejecución de este delito en la categoría jurídica de consumación delictiva anticipada.

La jurisprudencia de la Sala Segunda del Tribunal Supremo ha establecido una doctrina que vendría a matizar otra perspectiva a la aplicación del artículo 16.1 del CP y que pasaremos a analizar a continuación.

El artículo 16.1 del Código Penal define la tentativa: «(...) cuando el sujeto da principio a la ejecución del delito directamente por hechos exteriores, practicando todos o parte de los actos que objetivamente deberían producir el resultado, y sin embargo éste no se produce por causas independientes de la voluntad del autor».

Como hemos apreciado con anterioridad sobre el análisis dogmático y tradicional de la consumación del delito de drogas, con carácter general se ha venido rechazando la aplicación del artículo 16.1 del Código Penal en los casos en los que el autor no ha logrado los fines perseguidos con la obtención de la droga, por el contrario, la jurisprudencia ha venido a clarificar que existe una admisión de la tentativa en esta clase de delitos, cuando el autor efectuando acciones próximas a la consumación, esta no se alcanza por cuestiones ajenas al mismo.

El Alto Tribunal ha aceptado sistemáticamente la posibilidad de estimar la tentativa en el delito de tráfico de drogas, aunque de manera restrictiva y con precisión de ciertos requisitos que pasaremos a analizar, por ejemplo, la **sentencia del Tribunal Supremo n.º 120/2024, de 7 de febrero, ECLI:ES:TS:2024:757**:

> «1. La posibilidad de concurrencia de formas imperfectas de ejecución en el delito de tráfico de drogas ha sido admitida por esta Sala con criterio restrictivo, por entender que constituye un delito de peligro abstracto y de mera actividad, en el que es difícil admitir la inejecución del resultado propuesto. Y es que en el tipo básico de tráfico de drogas establecido en el art. 368 CP de 1995, la mera posesión de la sustancia tóxica implica comisión del delito, y además es difícil que cualquier acción dirigida a acercar el estupefaciente al consumidor no pueda subsumirse en alguno de los verbos generales de «promover», «facilitar» o «favorecer» el consumo de sustancias tóxicas previstos en el tipo penal.
>
> 2. De forma excepcional se ha admitido la imperfección delictiva en los supuestos de actos de tráfico atribuidos al adquirente, si éste no llegó a alcanzar la posesión inmediata o mediata o una cierta disponibilidad sobre la sustancia estupefaciente, entendiéndose el delito intentado cuando la compraventa de la droga se perfecciona pero no llega a ejecutarse.
>
> 3. Tratándose de envío de droga por correo u otro sistema de transporte (se incluyen aquí los supuestos de entrega controlada), es doctrina consolidada que si el acusado hubiera participado en la solicitud u operación de importación, o bien figurase como destinatario de la misma, debe considerársele autor de un delito consumado, por tener la posesión mediata de la droga remitida. En los envíos de droga el delito se consuma siempre que existe un pacto o convenio entre los implicados para llevar a efecto la operación, en cuanto que, en virtud del acuerdo, la droga queda sujeta a la solicitud de los destinatarios, siendo indiferente que no se hubiese materializado la detentación física de la sustancia prohibida. El haber proporcionado un domicilio y un destinatario del envío de la droga, implica una colaboración que facilita la comisión del delito.
>
> 4. El tráfico existe desde que una de los autores pone en marcha el mecanismo de transporte de la droga que el receptor había previamente convenido. Comienza, pues, la ejecución del delito con la materialización o realización del plan por uno de los coautores (generalmente desconocido); es decir, con la adquisición de la posesión de la droga con miras a ejecutar el plan común.
>
> 5. **La apreciación de la tentativa requiere, con arreglo a la doctrina jurisprudencial, no haber participado en las operaciones previas al transporte ni llegar a tener la disponibilidad efectiva de la droga.** Será, pues, el supuesto de quien o quienes, totalmente ajenos al concierto inicial para el transporte, intervienen después mediante una actividad netamente diferenciada».

El Tribunal Supremo se apoya en elementos de naturaleza dogmática para la apreciación de la tentativa pero desde otra perspectiva, aceptando que, si bien es un delito de peligro abstracto y de mera actividad, puede admitirse el delito intentado, aunque reconoce la dificultad que en la casuística esta clase de comportamientos lleguen a materializarse de forma plena, ya que, la mera posesión, mediata o inmediata de la droga, supone la consumación de la conducta.

Como referencia jurisprudencial a esta tesis, la **sentencia de la Sala Segunda del Tribunal Supremo n.º 890/2011, de 27 de julio de 2011, ECLI:ES:TS:2011:5342**, viene a confirmar que en la realización de la conducta típica en los delitos tráfico de drogas, es inevitable que cualquiera de los tiempos verbales descritos en el artículo 368 párrafo 1.º del CP que son los de «promover, facilitar o favorecer», no puedan ser aplicados a cualquier actividad tendenciosa del delincuente que intenta realizar la conducta típica, convirtiéndola desde su origen en una inevitable consumación. Ahora bien, continuando con el fundamento jurídico de la Sala Segunda, ha de ser aceptada la figura del delito intentado de forma excepcional en aquellos casos en los que el sujeto desarrolla actos externos de ejecución tendentes a obtener la posesión de la droga, sin que esa conducta llegue a consumarse, todo ello por causas ajenas a la voluntad de su autor, de forma que no haya logrado ni siquiera una cierta disponibilidad sobre sobre las sustancias objeto del delito.

Así, a modo de ejemplo de tentativa en este tipo de delitos, la **sentencia del Tribunal Supremo n.º 835/2001, de 12 de mayo, ECLI:ES:TS:2001:3901**, en la que el recurrente alega que se está en presencia de un delito imposible ya que no era posible que se lesionara el bien jurídico protegido, pues la droga desde su entrada en España estuvo controlada por la policía, sin que el recurrente llegara a entrar en contacto con ella al ser detenido antes.

El Ato Tribunal, por su parte, entiende que la tentativa inidónea invocada supone la imposibilidad de consumación del delito intentado en razón a la inidoneidad de los medios utilizados que conllevan una imposibilidad de la ejecución, o la inexistencia de objeto que conlleva la imposibilidad de producción.

La citada sentencia reza:

> «Excepcionalmente, cuando no existe este previo acuerdo de voluntades y **los acusados son, por ejemplo, meros transportistas contratados por los organizadores de la operación para esa misión concreta, si los mismos fueran detenidos antes de tener en momento alguno la disponibilidad de la droga, el delito habría quedado en grado de frustración, hoy tentativa acabada**».

En el mismo sentido cabe citar la **sentencia n.º 699/2004, de 24 de mayo, ECLI:ES:TS:2004:3530**:

> «(...) Se defiende que el delito se hubiera cometido en grado de tentativa en cuanto no ha llegado a tener disponibilidad ni aún potencial sobre la droga, que no ha estado en su posesión ni mediata ni inmediata. Tiene declarado esta Sala -Cfr., entre otras muchas, la Sentencia de 11 de mayo de 1998-, con reiterado y constante criterio, que sólo en casos muy excepcionales se presentan formas imperfectas de ejecución en los delitos contra la salud pública en su modalidad de tráfico de sustancias estupefa-

cientes. Se sostiene en innumerables sentencias que estos tipos penales conforman un delito de peligro abstracto y de consumación anticipada que difícilmente admiten la tentativa (…)».

CUESTIÓN

En cuanto al cultivo, ¿cuándo se puede considerar el delito consumado?

Para responder a esta cuestión nos remitiremos a la sentencia del Tribunal Supremo n.º 2054/2002, de 9 de diciembre, ECLI:ES:TS:2002:8225, que entiende que para que el cultivo de sustancias alcance el grado de consumación se requiere que tal cultivo se encuentre en condiciones de servir a la finalidad que se persigue con el mismo, cual es la extracción de los productos naturales necesarios para obtener su fruto, hasta ese momento el bien jurídico protegido estará en peligro, y por consiguiente, será posible la tentativa, pero no se habrá alcanzado aún el grado de la consumación delictiva. Es decir, con la sola acción de plantación o semillado no se alcanza el grado de consumación del delito.

JURISPRUDENCIA

Sentencia del Tribunal Supremo n.º 147/2018, de 22 de marzo de 2018, ECLI:ES:TS:2018:974

«(…) Y en cuanto al elemento subjetivo de que la sustancia estaba destinada al tráfico y no al mero autoconsumo, lo infiere el tribunal de los datos indiciarios que obran en la causa. Entre ellos: el número de comprimidos que le fueron ocupados, un total de 42, admitiendo la acusada que el fármaco no lo tenía prescrito médicamente. A ello debe sumarse el hecho de que fuera sorprendida en un lugar público, adonde acudió la policía avisada por algunos vecinos de la zona, por ser un punto caliente donde se estaban vendiendo sustancias estupefacientes por varias personas que ocupaban la calle y que salieron todas ellas corriendo al cerciorarse de la presencia policial (…)».

Sentencia del Tribunal Supremo n.º 163/2005, de 10 de febrero, ECLI:ES:TS:2005:758

«(…) Se relata un hecho típico que implica un acto de facilitación del consumo de una sustancia prohibida. La cuestión relativa al autoconsumo podría ser relevante si el acusado hubiese participado junto con el destinatario en el consumo de dicha sustancia, pero ello no es así. En los casos de tráfico de drogas sólo excepcionalmente se admite la existencia de tentativa. En los supuestos de envío de droga el delito se consuma siempre que exista un pacto previo entre remitente y destinatario. El desconocimiento sobre un hecho punible no puede quedar a la discreción de su autor. En el caso del tráfico de drogas su prohibición es tan notoria que resta cualquier verosimilitud a las alegaciones. En primera instancia se condena al imputado (…)».

7.
CONDUCTAS ATÍPICAS. LAS FIGURAS DEL AUTOCONSUMO Y AUTOCULTIVO DE DROGAS

¿Qué se entiende por autoconsumo de drogas?

Podemos colegir que si bien el autoconsumo es inexorablemente considerado como acto de tenencia de drogas toxicas, estupefacientes y sustancias psicotrópicas, se trata de un proceder atípico en nuestro sistema penal.

Los parámetros jurisprudenciales que vienen a configurar si estamos o no ante un acto de auto consumo o de mero tráfico son tres y se basan en criterios meramente de carácter probatorio:

- **La sustancia (cantidad, pureza, variedad y almacenamiento).** Sobre la cantidad nos remitimos al Acuerdo del Pleno del Tribunal Supremo, Sala Segunda, de fecha 19/10/2001, que contiene los cuadros de cantidades de notoria importancia y dosis mínimas psicoactivas de las principales sustancias tóxicas objeto del delito de drogas, actualmente vigentes, publicados por el Consejo General del Poder Judicial y tasados por el Instituto Nacional de Toxicología.

  En referencia a las específicas características de la sustancia tales como la pureza, variedad y almacenamiento de la sustancia, la Sala Segunda del Tribunal Supremo analiza estos criterios sometiéndolos a toda la estructura teórica procesalista sobre el tratamiento e interpretación de los elementos probatorios que llevarían a la constatación o no del hecho delictivo en cada caso concreto. Excepto el criterio de la cantidad, el resto de los mismos, la jurisprudencia los califica de carácter relativo y de necesaria verificación probatoria.

- El **poseedor de la sustancia y sus características.** Los criterios de fundamentación del encaje jurídico de la figura del autor para constatar la autoría en los delitos de tráfico de drogas, la jurisprudencia del Tribunal Supremo se ajusta a la condición personal del autor analizando si concurren las características del drogodependiente, politoxicómano, consumidor habitual o no consumidor; situación económica del sujeto; ocultación de la droga a las autoridades; utilización de falsa identidad; presunción de realizar actos de tráfico; y falta de credibilidad o contradicciones. Estas pautas probatorias, son esenciales para dilucidar si estamos ante la figura del traficante o del mero consumidor, según el Alto Tribunal. Así pues, ha de ser un consumidor de la droga en concreto que posee.

- La **intervención de la sustancia**. El tercero de los criterios jurisprudenciales atiende a la actuación de la intervención de las sustancias. Para ello habría que analizar si además de la detección de la sustancia, existen componentes materiales o instrumentos adecuados para elaborar o distribuir la misma, al igual que elementos probatorios tangenciales como la intervención de cantidades de dinero de dudoso origen por su cantidad y procedencia.

Sobre la circunstancia del **autoconsumo compartido**, nos remitimos a la lectura de los criterios establecidos por la sentencia del **Tribunal Supremo n.º 86/2010, de 9 de febrero, ECLI:ES:TS:2010:629** y que se resumen en el siguiente tenor literal:

«Y, ciertamente, en los últimos años esta Sala (Cfr. SSTS de 12-6-2008, n° 364/2008; de 21-12-2006, núm. 1254/2006) ha venido desarrollando una doctrina que amplía la falta de punición de la tenencia para autoconsumo individual a algunos otros supuestos de autoconsumo en grupo, ante la frecuencia de casos en que particularmente los jóvenes se reúnen para compartir la droga que han adquirido con el dinero de todos. Supuesto de impunidad excepcional que excluye su aplicación cuando el grupo no es pequeño, o se trata de un número indeterminado de personas, cuando los componentes de ese grupo no quedan identificados, y cuandoel consumo no se realiza en un local cerrado y determinado.

Y así, esta Sala ha venido generalmente exigiendo, para reputar atípica la conducta consistente en el consumo conjunto de droga por diversas personas (Cfr. SSTS de 31-3-2006, núm. 378/2006; núm. 376/2000, de 8 de marzo; núm. 1969/2002, de 27 de noviembre y 286/2004, de 8 de marzo) como circunstancias que deben concurrir para estimar el consumo compartido las siguientes:

a) Los consumidores que se agrupan han de ser adictos, ya que si así no fuera, el grave riesgo de impulsarles al consumo o habituación no podría soslayar la aplicación del artículo 368 del Código Penal, ante un acto tan patente de promoción o favorecimiento. A esta exigencia hacen referencia sentencias tales como las de 25 de junio de 1993, 3 de marzo, 3 de junio y 25 de noviembre de 1994; 27 de enero y 3 de marzo de 1995.

b) El proyectado consumo compartido ha de realizarse en lugar cerrado, y ello en evitación de que terceros desconocidos puedan inmiscuirse y ser partícipes en la distribución o consumo; aparte de evitar que el nada ejemplarizante espectáculo pueda ser contemplado por otras personas con el negativo efecto consiguiente. La referencia a lugar cerrado es frecuente en la jurisprudencia (SSTS de 26 de noviembre de 1994 y 2 de noviembre de 1995).

c) La cantidad de droga programada para la consumición ha de ser insignificante (ver sentencias de 25 de junio 10 de noviembre de 1993, 21 de noviembre de 1994 y 28 de noviembre de 1995).

d) La coparticipación consumista ha de venir referida a un pequeño núcleo de drogodependientes (ver sentencia de 3 de marzo de 1995), como acto esporádico e íntimo, sin trascendencia social.

e) Los consumidores deben ser personas ciertas y determinadas, único medio de poder calibrar su número y sus condiciones personales.

f) Ha de tratarse de un consumo inmediato de las sustancias adquiridas. Al consumo normal e inmediato alude la jurisprudencia en las sentencias de 25 de junio de 1993, 25 de septiembre y 2 de noviembre de 1995».

‖ El particular caso de las asociaciones cannábicas

Este tipo de consumo a través de asociaciones generan un conflicto en cuanto a su legalidad. En la actualidad no existe ninguna regulación estatal ni autonómica de las mismas por lo que su actividad se desarrolla en un entorno de **vacío legal**.

La ilicitud de las asociaciones se da en el momento en que dichas asociaciones realizan algún tipo de actividad que favorezca la promoción del consumo. Así lo ha señalado el Tribunal Supremo en numerosas ocasiones con relación a asociaciones que realizaban el cultivo o almacenamiento de las sustancias estupefacientes y la posibilidad de que dicha asociación tenga un número indeterminado de socios. Resulta relevante en este punto la **STS n.º 352/2018, de 12 de julio, ECLI:ES:TS:2018:352**:

«Hay un salto cualitativo y no meramente cuantitativo, como pretende el Tribunal a quo, entre el consumo compartido entre amigos o conocidos, -uno se encarga de conseguir la droga con la aportación de todos para consumirla de manera inmediata juntos, sin ostentación ni publicidad-; y la organización de una estructura metódica, institucionalizada, con vocación de permanencia y abierta a la integración sucesiva y escalonada de un número elevado de personas. Esto segundo -se capta intuitivamente- es muy diferente. Aquello es asimilable al consumo personal. Esta segunda fórmula, en absoluto. Se aproxima más a una cooperativa que a una reunión de amigos que comparte una afición perjudicial para la salud, pero tolerada. Estamos ante una actividad nada espontánea, sino preconcebida y diseñada para ponerse al servicio de un grupo que no puede considerarse 'reducido' y que permanece abierto a nuevas y sucesivas incorporaciones.

Uno de los requisitos exigidos para considerar la atipicidad del consumo compartido, es la exclusión de actividades de almacenamiento masivo, germen, entre otros, de ese 'peligro' que quiere desterrar el legislador.

Se hace por todo ello muy difícil admitir que no se considere favorecimiento del consumo la apertura de esa modalidad de asociación a un número indiscriminado de socios.

Ningún pronunciamiento jurisprudencial, ni aun los más flexibles, han amparado el aprovechamiento colectivo de una plantación fuera de los estrictos términos antes expuestos. No puede convertirse una asociación de esa naturaleza en una suerte de cooperativa de distribución de la sustancia estupefaciente prohibida. No lo consiente el ordenamiento jurídico globalmente considerado. Precisamente por ello podrían generarse llamativas paradojas: negar la incardinación de supuestos como éste en el art. 368, a lo mejor llevaría a aflorar otras tipicidades (legislación especial de contrabando)».

Es doctrina reiterada que de la misma forma en que el autoconsumo de droga no es típico, **el consumo compartido o autoconsumo plural entre adictos no constituye una conducta penalmente sancionable, cuando concurren las circunstancias siguientes, conforme recoge la STS n.º 856/2023, de 22 de noviembre, ECLI:ES:TS:2023:5068 y la STS n.º 261/2019, de 24 de mayo, ECLI:ES:TS:2019:1717:**

Que se trate de **consumidores habituales o adictos que se agrupan para consumir la sustancia.**

Con esta limitación se pretenden evitar supuestos de favorecimiento del consumo ilegal por terceros, que es precisamente la conducta que sanciona expresamente el tipo, salvo los que ya fuesen consumidores habituales de la sustancia en cuestión. Se fundamenta en el hecho de que el delito contra la salud pública es un delito de peligro abstracto tal y como ha señalado el **Tribunal Supremo en la sentencia de 25 de enero de 1995, ECLI:ES:TS:1995:11627,** en la que recoge:

«(...) en el momento de la consumación anticipada, con la que se configura el tipo, no están concretados o determinados los sujetos cuyo bien jurídico, cual es la salud pública, pueden verse afectados por el agotamiento de la acción, sin que ello signifique que no se de la posibilidad, más o menos remota de que pueda producirse el daño por ello cuando la posibilidad del daño a tercero no existe porque el consumo queda reducido, exclusivamente, a los poseedores, desaparece el riesgo de que la posesión y reparto de la droga pueda incidir en la salud de otras personas, por lo que la valoración social de estos actos de "consumo compartido" entre adictos, siempre con carácter gratuito, es la misma que pudiera tenerla los actos de consumo que estas personas pudiesen realizar aisladamente, de manera que nada valorable antijurídico tienen estos actos del autoconsumo ya sean llevados a cabo en común o individual y aisladamente (...)».

- El consumo de cánnabis **debe llevarse a cabo en un «lugar cerrado».** De esta manera se evita la promoción pública del consumo y la difusión de la sustancia a quien no forman parte de los inicialmente agrupados.

- Deberá circunscribirse el acto a un **grupo reducido de adictos o drogodependientes y ser éstos identificables y determinado,** que permita considerar que estamos ante un **acto íntimo sin transcendencia pública.** Que el grupo al que se destina tenga un número indeterminado supone que se deba ser apreciado el riesgo frente a la salud pública con lo que se produce la antijuridicidad de la conducta, es por ello que para poder entender el consumo colectivo como antijurídico el mismo debe darse en grupo reducido que como ya se ha señalado debe estar integrado por adictos.

- No se incluyen en estos supuestos las cantidades que rebasen la droga necesaria para el **consumo inmediato**. En consecuencia, solo se aplica a cantidades reducidas, limitadas al consumo diario.

- **No puede mediar contraprestación remuneratoria** por parte de los drogodependientes. En este sentido cabe citar la **sentencia del Tribunal Supremo, rec. 1777/1993, de 25 de junio, ECLI:ES:TS:1993:4510**: «(...) dicho bien colectivo no padece cuando el riesgo o peligro para la salud de terceros, que constituye el substrato de la antijuricidad del delito, no concurre, que es el caso del consumo compartido entre adictos, siempre que las cantidades disponibles por los copartícipes no rebasen los límites de un consumo normal y sea inmediato, y no medie contraprestación remuneratoria alguna por parte de los drogodependientes (...)».

Por otro lado, son múltiples las sentencias de nuestro Alto Tribunal que han venido declarando ilícitas las asociaciones cannábicas por no cumplir los anteriores presupuestos. Como ejemplo de los razonamientos esgrimidos en ellas, podemos hacer referencia a la:

STS n.º 597/2023, de 13 de julio, ECLI:ES:TS:2023:3112

«Y esto es precisamente lo que acontece en el supuesto examinado, en el que los acusados, amparándose en una asociación que permitía la libre circulación de la droga, ocultaban la realidad del ilícito tráfico, procediendo a la venta indiscriminada de derivados de cannabis entre los meses de mayo a agosto de 2017 a todo aquel que se acercaba al local de la asociación, sin comprobar mínimamente su adicción a tales sustancias y sin presentar aval de otro socio conforme a los requisitos establecidos en el art. 10 de la Ley 13/2017, procediendo formalmente, junto a la sustancia estupefaciente solicitada, a la entrega de un carnet a cambio de una suma de dinero no determinada.

Además, no se llevaba a cabo el consumo inmediato de la sustancia. El Tribunal relaciona la ocupación de marihuana a algunas personas que salían del local de la asociación, no constando medidas concretas de control para anular y ni siquiera mitigar el riesgo de su difusión fuera. Tampoco se trataba de un número reducido de personas, ni éstas aparecían concretamente identificadas».

STS n.º 698/2016, de 7 de septiembre, ECLI:ES:TS:2016:3972

«(...) La magnitud de las cantidades manejadas, el riesgo real y patente de difusión del consumo, la imposibilidad de constatar con plena certidumbre la condición de usuarios habituales de la sustancia, y demás circunstancias que rodean esa actividad desbordan no solo los términos más literales en que se desarrolla esa doctrina sino sobre todo su filosofía inspiradora.

Hay un salto cualitativo y no meramente cuantitativo, entre el consumo compartido entre amigos o conocidos -uno se encarga de conseguir la droga con la aportación de todos para consumirla de manera inmediata juntos, sin ostentación ni publicidad-; y la organización metódica de una estructura institucionalizada, con vocación de permanencia y abierta a la integración casi indiscriminada, sucesiva y escalonada de un número no limitado de personas hasta superar los dos mil. Esto -se capta intuitivamente- es muy diferente. Aquello es asimilable al consumo personal. Esta segunda fórmula, en absoluto. Se aproxima más a una cooperativa que a una reunión de amigos que comparte una afición perjudicial para la salud, pero tolerada. Estamos ante una actividad nada espontánea, sino planificada, preconcebida y diseñada para ponerse al servicio de un grupo que no puede considerarse 'reducido' y que permanece abierto a nuevas incorporaciones ilimitadas.

Se hace inadmisible considerar que no es favorecimiento del consumo la apertura de esa modalidad de asociación a un número indiscriminado de socios.

No puede convertirse una asociación de esa naturaleza en una suerte de cooperativa de distribución de la sustancia estupefaciente prohibida. No lo consiente el ordenamiento jurídico globalmente considerado. Precisamente por ello podrían generarse llamativas paradojas: negar la incardinación de supuestos como éste en el art. 368, a lo mejor llevaría a aflorar otras tipicidades (legislación especial de contrabando)».

STS n.º 261/2019, de 24 de mayo, ECLI:ES:TS:2019:1717

«Al no haber control sobre la admisión de los socios no consta que todos ellos fueran consumidores. Tampoco consta que el consumo se llevara a cabo en el local de la Asociación. Bastó un día para incautar marihuana a seis personas que salían del establecimiento después de haberla adquirido, mediante el pago del correspondiente precio. La comunidad no estaba integrada por un número reducido de personas. Uno de los responsables mencionó que había hasta 600 miembros y se ocupó un carnet que tenía el número de socio NUM006, siendo muy poco creíble que la numeración de estos documentos fuera aleatoria. Lo normal es que fuera secuencial en cuyo caso el número del carnet pone en evidencia las dimensiones de la distribución llevaba a cabo en el contexto de dicha Asociación. El acopio de sustancia era muy superior al que podría corresponder al consumo medio semanal de un número limitado de personas. Y, por último, no constan acreditadas actividades de la Asociación al margen de la distribución de marihuana mediante precio»

CUESTIÓN

¿Cómo se podrá diferenciar el autoconsumo compartido de una acción de facilitación del consumo ajeno?

La sentencia del Tribunal Supremo n.º 373/2018, de 19 de junio, ECLI:ES:TS:2019:2966, establece que un factor de identificación puede estribar en la exigencia de una contraprestación económica que vaya más allá del coste y que redunde en beneficio de quien aporta la droga para la ingesta conjunta: «Será claro indicador de que su conducta excede del estricto autoconsumo compartido. Comercia y eso acredita la alteridad. Ya no es un grupo reducido que conjuntamente compra y consume. Y es que, en efecto, aunque la denominación consumo compartido está consagrada, seguramente, como se ha propuesto, sería más exacto hablar de 'compra compartida' o 'bolsa común (…)'».

¿Qué se entiende por autocultivo?

Podemos definir el autocultivo como aquella plantación de drogas penalmente irrelevante. Esta falta de trascendencia penal se traspasaría al plano criminal, en el momento en que la finalidad del sujeto que la realiza transgreda las barreras del mero autocultivo, para destinar dicha actividad a la explotación o tráfico ilícito de la sustancia cultivada.

En definitiva, es considerada por la jurisprudencia y por la ciencia jurídica penal como conducta de atipicidad, el autocultivo destinado a la esfera del aprovechamiento exclusivamente personal de quien lo realiza.

Analizado el límite conceptual que delimita el cultivo penalmente relevante, de lo que es el mero autocultivo, lo que es de difícil apreciación por parte de los jurisconsultos es el determinar qué clase de cultivos pertenece a la esfera personal de quien los realiza y cuáles perteneces a una verdadera explotación o tráfico aplicable a la conducta típica del artículo 368 del Código Penal.

Así la **sentencia del Tribunal Supremo en su sentencia n.º 788/2015, de 9 de diciembre, ECLI:ES:TS:2015:2435**, en relación con el cultivo compartido reza el tenor literal siguiente:

> «(...) mientras que el consumo compartido se caracteriza por el consumo de la droga en un momento episódico, al cultivo compartido es inherente cierta permanencia. **El cultivo se desarrolla durante un período de tiempo y su producto se reparte entre los partícipes, sin que, lógicamente, se produzca un consumo en grupo puntual, sino dilatado o prolongado en el tiempo.** Esa perdurabilidad no aparece en el caso de los acopios para fiestas o celebraciones, con los que habitualmente se relaciona el consumo compartido(...)».

Así, como referencia para establecer el límite del autocultivo y autoconsumo podemos acudir a las cantidades establecidas en el cuadro del Instituto Nacional de Toxicología de cuadro de dosis mínimas psicoactivas de las principales sustancias tóxicas objeto de tráfico de drogas, que para la marihuana establece **100 gramos en una previsión de 3 a 5 días de consumo en una persona.**

Y, por último cabe señalar que, pese a que el autocultivo no constituya un ilícito penal la ejecución de actos de plantación y cultivo ilícitos de drogas tóxicas, estupefacientes o sustancias psicotrópicas en lugares visibles al público, son infracciones graves, de acuerdo con el **artículo 36.18 de la Ley Orgánica 4/2015, de 30 de marzo**, mientras que el grado mínimo comprenderá la multa de 601 a 10.400 euros; el grado medio, de 10.401 a 20.200 euros, y el grado máximo, de 20.201 a 30.000 euros.

¿Qué se entiende por técnicas compasivas?

La jurisprudencia del Tribunal Supremo viene considerando de modo reiterado la inexistencia de delito en determinados supuestos en que concurren particulares circunstancias relacionadas con la mínima cuantía de la droga, con la adicción de todos los implicados o con las relaciones personales entre quien la suministra y quien la recibe, por razones que se vienen expresando con argumentos diferentes que, de acuerdo con la **sentencia del Tribunal Supremo n.° 1439/2001, de 18 de julio, ECLI:ES:TS:2001:6316**, se podrían reducir a dos:

- La insignificancia del hecho que se traduce en la irrelevancia de la conducta en cuanto al bien jurídico protegido, la salud pública

> «El Derecho penal actual ya no admite la existencia de delitos meramente formales o de simple desobediencia a la norma. Ha de existir necesariamente una lesión o un peligro respecto del bien jurídico protegido. Esta infracción del art. 368 CP es un caso más de delito de peligro y de consumación anticipada en que el legislador, a fin de dar mayor protección al referido bien, la salud pública, ante la gravedad y gran repercusión social que estas infracciones tienen, ha colocado la barrera de la punición penal en un momento anterior al de la producción del daño, decidiéndose a sancionar como delitos consumados conductas que, en otros supuestos, sólo podrían conceptuarse como tentativa o incluso como actos preparatorios. Pero esta configuración legal del delito no excusa la necesidad de tener en cuenta el mencionado bien jurídico como límite de la actuación del Derecho penal: aunque parezca una obviedad, hay que decir que los delitos de peligro no existen cuando la conducta perseguida no es peligrosa para ese bien jurídico protegido o cuando sólo lo es en grado ínfimo. Tal ocurre en estos delitos relativos al tráfico de drogas cuando el comportamiento concreto no pone en riesgo la salud pública (o sólo lo hace de modo irrelevante)».

- Entendiendo, desde una perspectiva subjetiva, que el delito del art. 368 del CP, aunque ello no aparezca en su texto, exige, **además del dolo necesario en toda infracción dolosa, un especial elemento subjetivo del injusto consistente en la voluntad del autor relativa al favorecimiento o expansión del consumo ilícito de la sustancia tóxica**, voluntad que queda excluida en estos supuestos en que el círculo cerrado en que se desenvuelve la conducta, o la mínima cuantía de la droga, así lo justifica.

Así, en los siguientes grupos de supuestos, el TS viene pronunciado sentencias absolutorias cuando:

- El **suministro de droga a una persona allegada para aliviar de inmediato un síndrome de abstinencia**, o para evitar los riesgos de un consumo clandestino en malas condiciones de salubridad, o para procurar su gradual deshabituación, o en supuestos similares.

- La **adquisición para un grupo de personas ya adictas en cantidades menores y para una ocasión determinada**, o el hecho mismo de este consumo compartido en tales circunstancias: son modalidades de autoconsumo impune.

- Los **casos de convivencia entre varias personas ya drogadictas** (cónyuges, amigos, padres o hijos) en que alguno de ellos proporciona droga a otro, produciéndose también un consumo compartido.

- Aquellos otros **supuestos en que por la mínima cantidad o por la ínfima pureza en dosis pequeñas, siempre a título gratuito y entre**

adictos, es de todo punto evidente que no ha existido riesgo alguno de expansión en el consumo ilícito de esta clase de sustancias.

Si bien, el **Tribunal Supremo a través de su sentencia n.º 983/2000, de 30 de mayo, ECLI:ES:TS:2000:4415**, señala que los anteriores requisitos deben de valorarse siempre desde el concreto análisis de cada caso, ya que: «(…) no debe olvidarse que **todo enjuiciamiento es un concepto esencialmente individualizado y que lo relevante es si del análisis del supuesto se objetiva o no una vocación de tráfico y por tanto un riesgo para la salud de terceros**».

Así para definir lo que se entiende por **técnicas compasivas**, cabe citar la **sentencia del Tribunal Supremo n.º 887/2003, de 13 de junio, ECLI:ES:TS:2003:4125**, que reza el tenor literal siguiente:

> «Igualmente también la Jurisprudencia ha considerado como supuesto excepcional de atipicidad de la conducta la de aquellas personas que sin contraprestación alguna hacen llegar a familiares próximos o allegados que se encuentran en prisión cantidades mínimas de drogas tóxicas con la finalidad de aliviar el síndrome de abstinencia (S.S.T.S. 1981/02 ya citada o 1453/01), debiendo subrayarse que estas donaciones constituyen, en principio, una conducta típicamente prevista en el artículo 368 C.P., y por ello la falta de punibilidad de la misma tiene que referirse a supuestos mínimos y aplicarse de forma excepcional y restrictiva, justificándose cuando se pretende únicamente mitigar momentáneamente los sufrimientos propios del estado referido mediante la entrega de cantidades mínimas de droga, para su consumo inmediato y sin riesgo de difusión».

8.
TIPOS ATENUADOS

El **artículo 368 del CP** en su párrafo segundo establece:

> «No obstante lo dispuesto en el párrafo anterior, los tribunales podrán imponer la pena inferior en grado a las señaladas en atención a la escasa entidad del hecho y a las circunstancias personales del culpable. No se podrá hacer uso de esta facultad si concurriere alguna de las circunstancias a que se hace referencia en los artículos 369 bis y 370».

Así, los **requisitos perfilados jurisprudencialmente para la aplicación del tipo atenuado son los siguientes:**

- **Escasa gravedad del hecho.** Se trata de una categoría menor de la materialización del tráfico de drogas y calificado como **menudeo.** Esta actividad delictiva, conceptuada como de menor entidad, no es más que otra representación del autoconsumo (anteriormente analizado) ya que en la mayoría de la casuística el sujeto activo recurre al menudeo con el fin de autofinanciarse el consumo. Es pues menester deducir el elemento cuantitativo como presupuesto de aplicación de este tipo atenuado, ya que viene a reflejar la menor incidencia del daño al bien jurídico protegido.

- **Circunstancias personales del culpable.** El análisis del perfil o componente personal del sujeto activo es ineludible a la hora de aplicar este tipo atenuado. Tal y como determina la jurisprudencia del Alto Tribunal, la edad, el estrato social y familiar del individuo, su formación cultural e intelectual y su profesión, son fundamentos básicos para la aplicación del artículo 368. 2.º del CP. A la hora de examinar este elemento circunstancial por parte de los jueces y tribunales, se pretende que entre a examen el grado de peligrosidad del delincuente, unido a su grado de adaptación social, con el fin de evitar con la pena una desproporción en el castigo respecto al daño infligido de escasa entidad.

La argumentación de estas circunstancias como base de una técnica defensiva, es muy habitual en la casuística jurídica, pero la jurisprudencia nos recuerda que estas circunstancias, y más concretamente **la gravedad del hecho y las circunstancias personales del culpable, no son determinantes para la aplicación de este precepto atenuado de forma sistemática y sin**

apenas verificación, ya que en muchas ocasiones los argumentos defensivos se fundamentan en alguno o algunos requisitos sin apenas reforzarlo o constatarlo con elementos probatorios consistentes.

Por ejemplo, la **sentencia del Tribunal Supremo n.º 420/2011, de 17 de mayo, ECLI:ES:TS:2011:3378,** en un caso en que la cantidad de droga incautada es de escasa cuantía, entiende que este hecho no es suficiente por sí mismo para la disminución de la pena. **Es necesario tener en cuenta las circunstancias, el modo, el momento y el escenario en el que se produce la operación de tráfico:** «Sí los hechos y su contexto nos pueden llevar a la conclusión razonable de que nos encontramos ante una transacción que se produce en el marco de una operación más amplia y continuada en el tiempo, no nos encontraríamos ante el presupuesto querido por el legislador. Si la venta de la papelina nos lleva a la conclusión de que es una operación más de las muchas diseñadas, como sucedería si está probada la dedicación habitual al tráfico en una vivienda o en un local abierto al público, su escasa entidad solo revela que se ha sido ocupada una parte mínima del tráfico».

CUESTIÓN

¿Qué podemos entender por circunstancias personales del autor a efectos de tomarlos en cuenta para la atenuante?

La jurisprudencia del Tribunal Supremo viene estableciendo una doctrina cuyos aspectos más significativos son los siguientes (STS n.º 242/2011, de 6 de abril, ECLI:ES:TS:2011:1794): «(...) las expresiones "circunstancias personales del delincuente" no se limitan a las condenas penales previas, que sólo pueden entrar en consideración respecto de la agravante de reincidencia, en todo caso dentro de los límites del principio de culpabilidad por el hecho. Es claro que las circunstancias personales del autor del delito no se limitan a la reincidencia en el sentido del artículo. 20 CP (Cfr . Sentencia 233/2003 de 21 de febrero); los Jueces son soberanos, en principio, para imponer las penas en la cuantía que procede según su arbitrio, facultad eminentemente potestativa, que no es absoluta, precisamente porque ha de supeditarse a determinados condicionamientos, como son la personalidad del acusado y la gravedad del hecho en función de los medios modos o formas con que lo realizó y también las circunstancias de todo tipo concurrentes; la motivación de la individualización de la pena requiere desde un punto de vista general, que el Tribunal determine, en primer lugar, la gravedad de la culpabilidad del autor expresando las circunstancias que toma en cuenta para determinar una mayor o menor reprochabilidad de los hechos.(Cfr. Sentencias 1426/2005 de 7 de diciembre y 145/2005 de 7 de febrero); la gravedad del hecho a que se refiere este precepto no es la gravedad del delito, toda vez que esta "gravedad" habrá sido ya contemplada por el legislador para fijar la banda cuantitativa penal que atribuye a tal infracción. Se refiere la ley a aquellas circunstancias fácticas que el Juzgador ha de valorar para determinar la pena y que sean concomitantes del supuesto concreto que está juzgando; estos elementos serán de todo orden, marcando el concreto reproche penal que se estima adecuado imponer. Las circunstancias personales del delincuente son aquellos rasgos de su personalidad delictiva que configuran igualmente esos elementos diferenciales para efectuar tal individualización penológica. Ni en uno ni en otro caso se trata de circunstancias modificativas de la responsabilidad criminal, ya que, en tal caso, su integración penológica se produce no como consecuencia de esta regla 6ª (antigua) regla primera del art. 66, sino de las restantes reglas (Cfr . Sentencia 480/2009, de 22 de mayo); en relación

> al delito de tráfico de drogas, tiene declarado que se produce esa menor gravedad cuando se trata de la venta de alguna o algunas papelinas de sustancias tóxicas llevada a cabo por un drogodependiente (Cfr. Sentencia 927/2004, de 14 de julio; cuando se refiere a las circunstancias personales del delincuente, está pensando, como es lógico, en situaciones, datos o elementos que configuran el entorno social y el componente individual de cada sujeto, **la edad de la persona, su grado de formación intelectual y cultural, su madurez psicológica, su entorno familiar y social, sus actividades laborales, su comportamiento posterior al hecho delictivo y sus posibilidades de integración en el cuerpo social, son factores que no sólo permiten sino que exigen modular la pena ajustándola a las circunstancias personales del autor,** sin olvidar la incidencia que, por su cuenta, puedan tener, además, la mayor o menor gravedad del hecho, que debe ser medida no sólo con criterios cuantitativos sino también cualitativos».

Así, el subtipo atenuado del artículo 368.2.º del CP queda configurado de la siguiente manera (**STS n.º 507/2018, de 25 de octubre, ECLI:ES:TS:218:3672**):

- El nuevo párrafo segundo del art. 368 del Código Penal constituye un subtipo atenuado en el que **la decisión sobre su aplicación tiene carácter reglado y, en consecuencia, es susceptible de impugnación casacional.**

- Concurre la escasa entidad objetiva —escasa antijuridicidad— cuando se trata de la venta aislada de alguna o algunas papelinas, con una cantidad reducida de substancia tóxica, en supuestos considerados como «el último escalón del tráfico».

- La regulación del art. 368.2 del Código Penal **no excluye los casos en que el hecho que se atribuye específicamente al acusado consiste en una participación de muy escasa entidad, en una actividad de tráfico más amplia realizada por un tercero,** aun cuando a esta última actividad no le sea aplicable la calificación de escasa entidad.

- Las **circunstancias personales** del culpable —menor culpabilidad— **se refieren a situaciones, datos o elementos que configuran su entorno social e individual,** sus antecedentes, su condición o no de toxicómano, su edad, su grado de formación, su madurez psicológica, su entorno familiar, sus actividades laborales, su comportamiento posterior al hecho delictivo y sus posibilidades de integración en el cuerpo social.

- Cuando la **gravedad del injusto presenta una entidad tan nimia que lo acerca al límite de la tipicidad,** la aplicación del subtipo atenuado no está condicionada a la concurrencia expresa de circunstancias personales favorables del culpable, bastando en estos supuestos con que no conste circunstancia alguna desfavorable.

- La **agravante de reincidencia no constituye un obstáculo insalvable para la aplicación del subtipo atenuado,** en supuestos en que nos encontremos ante una conducta próxima al límite mínimo de la penalidad, desde el punto de vista objetivo, para evitar que produzca un doble efecto en perjuicio del imputado: exacerbando la pena como agravante y bloqueando la aplicación.

Por último, cabe señalar que, no se podrá hacer uso de ninguna de las anteriores circunstancias si concurriere alguna de las siguientes:

- Los hechos se lleven a cabo por quienes pertenecieren a una organización delictiva (**art. 369 bis del CP**).

- Se utilice a menores de 18 años o a disminuidos psíquicos para cometer estos delitos.

- Se trate de los jefes, administradores o encargados de las organizaciones a que se refiere la circunstancia 2.ª del apartado del **artículo 369.1 del CP**.

- Las conductas descritas en el artículo 368 del CP fuesen de extrema gravedad.

JURISPRUDENCIA

Sentencia del Tribunal Supremo n.º 455/2018, de 10 de octubre, ECLI:ES:TS:2018:3491

«(…) este precepto otorga al órgano decisorio una facultad discrecional que le autoriza a degradar la pena inicialmente prevista en el artículo 368 CP, pero que tal facultad tiene sin embargo un carácter reglado, pues su corrección se asocia a dos presupuestos, uno de naturaleza objetiva, cual es la escasa entidad del hecho, y el otro de carácter subjetivo, definido por las circunstancias personales del culpable; de manera que la corrección de su aplicación es susceptible de control casacional e impone que los presupuestos exigidos por el legislador deban constar expresamente en el relato histórico o, cuando menos, deducirse de la resolución recurrida, reflejando así las circunstancias que justifican la minoración de la pena por hacerla más adecuada y proporcionada a las circunstancias delimitadoras de la culpabilidad.

Se ha considerado también que para la aplicación de la atenuación penológica se precisa la concurrencia o coexistencia de los dos parámetros, si bien son reiteradas las sentencias que han expresado que las circunstancias personales del recurrente son un dato que tiene menor entidad y consistencia que el de la escasa gravedad del hecho, por lo que en los supuestos en los que nada se dice al respecto de las circunstancias personales, ello no impide la aplicación del tipo privilegiado porque también en ese caso la pena puede aparecer proporcionada al grado de culpabilidad del autor. Respecto a la entidad del hecho, es un elemento vinculado a la menor gravedad del injusto típico, puesto en relación con la menor afectación o puesta en peligro del bien jurídico protegido, esto es, la salud pública colectiva (…)».

Sentencia del Tribunal Supremo n.º 562/2019, de 19 de noviembre, ECLI:ES:TS:2019:3847

«(…) En relación a la posibilidad de aplicación del párrafo 2 de artículo 368 CP hemos dicho, entre otras en la sentencia 877/2016, de 22 de noviembre, que la actual doctrina mayoritaria de esta Sala ha establecido el criterio de cómo han de entenderse los requisitos legalmente marcados en el párrafo segundo del art. 368 C.P., expresando que 'la escasa entidad del hecho' (su menor antijuridicidad) debe relacionarse con la menor gravedad del injusto típico, por su escasa afectación o capacidad de lesión o puesta en peligro del bien jurídico protegido, salud pública colectiva. Como se sugiere en la STS de 9 de junio de 2010, en la que se invoca la 'falta de antijuricidad y de afectación al bien jurídico protegido', siendo la antijuridicidad formal la contradicción de la conducta con el ordenamiento jurídico representado por el precepto penal y la antijuridicidad material la lesión efectiva o puesta en peligro del bien jurídico protegido, la menor entidad o gravedad del delito debe

relacionarse con la cantidad y calidad de droga poseídas por el autor y, en concreto, con la superación mínima o relevante de la llamada dosis mínima psicoactiva, de manera que cuanto menor sea la cantidad y calidad de la droga poseída con finalidad típica menor será la entidad o gravedad del hecho. Así, cantidades muy próximas a la dosis mínima psicoactiva o en cualquier caso de muy escasa relevancia cuantitativa y cualitativa se encontrarían en el radio de acción del subtipo por su escasa afectación al bien jurídico protegido.

En cuanto a la 'menor culpabilidad', las circunstancias personales del autor nos obligan a ponderar todas las circunstancias subjetivas del culpable que permitan limitar su reprochabilidad personal por haber cometido el hecho antijurídico, en el bien entendido supuesto de que, dada la prohibición de doble valoración o desvaloración del art. 67 C.P., las circunstancias que sean valoradas en el ámbito del subtipo atenuado no podrán contemplarse como circunstancias independientes.

Asimismo, y a partir de la utilización por el legislador de la conjunción copulativa 'y' en lugar de la disyuntiva 'o', ha de entenderse que la ausencia manifiesta de cualquiera de los requisitos legales, sea la menor antijuridicidad o la menor culpabilidad, impide la aplicación del subtipo atenuado, pero no cuando esté acreditada únicamente uno de esos dos criterios, la menor antijuridicidad o la menor culpabilidad, pero no ambos a la vez, pues en tales casos puede bastar la concurrencia de uno de ellos y la inoperatividad del otro por ser inexpresivo o neutro para la aplicación del tipo atenuado (SSTS 412/2012, de 21 de mayo y 28/2013, de 23 de enero, entre otras)».

8.1. Rebaja de las penas

La doctrina y la jurisprudencia han calificado el **artículo 376 del CP** como un paradigma del **principio de proporcionalidad** penal que consagra la teoría general del derecho penal y que atenúa una pena, modulándola a las concreciones de los diversos supuestos de hecho que pueden ajustarse a las conductas descritas en el artículo 368 del CP, y que descartaría una respuesta correctora desproporcionada del *ius puniendi*, sobre hechos de escasa entidad criminal.

«En los casos previstos en los artículos 361 a 372, los jueces o tribunales, razonándolo en la sentencia, podrán imponer la pena inferior en uno o dos grados a la señalada por la ley para el delito de que se trate, siempre que el sujeto haya abandonado voluntariamente sus actividades delictivas y haya colaborado activamente con las autoridades o sus agentes bien para impedir la producción del delito, bien para obtener pruebas decisivas para la identificación o captura de otros responsables o para impedir la actuación o el desarrollo de las organizaciones o asociaciones a las que haya pertenecido o con las que haya colaborado».

Se establecen **dos requisitos de necesaria constatación mediante la acreditación fehaciente a través de un cuerpo probatorio aceptado en Derecho y basado en la voluntariedad del delincuente:**

- **Abandono** de la actividad delictiva del sujeto de forma voluntaria.

- **Colaboración con las autoridades de forma activa** con el fin de esclarecer o impedir los hechos delictivos, proporcionar la obtención de pruebas o identificar a los responsables de dicha actividad.

En este sentido, es interesante la **sentencia del Tribunal Supremo n.º 115/2014, de 25 de febrero, ECLI:ES:TS:2014:764**, que reza:

«(…) este tipo privilegiado, aplicable únicamente a los delitos de tráfico de drogas comprendidos en los arts. 368 a 372, requiere para su aplicación condiciones que deben concurrir criminatoriamente:
a) abandonar voluntariamente las actividades delictivas.

b) colaborar activamente con éstas, bien para impedir la producción del delito, bien para obtener pruebas decisivas para la identificación o captura de otros responsables o para impedir la actuación o el desarrollo de las organizaciones o asociaciones a las que haya pertenecido o con las que haya colaborado, estableciendo así distintas finalidades que no es necesario que concurran conjuntamente, bastando con que se aprecie una de ellas (SSTS. 624/2002 de 10.4, 952/2002 de 20.5). 25/2003 de 16.1, 851/2004 de 24.6, 923/2005 de 13.7, 164/2006 de 22.2, 207/2007 de 16.3, 993/2009 de 13, 19, 25/2013 de 16.1 .

El requisito de la presentación a las autoridades confesando los hechos fue eliminado en la nueva redacción del precepto LO. 5/2003 de 25.11, que entró en vigor el 1.10.2004.

Son razones de política criminal las que impulsan las previsiones contenidas en este precepto, orientadas a favorecer la lucha contra el tráfico de drogas, especialmente el ejecutado por delincuentes organizados, mediante una especie de arrepentimiento activo que comenzando por el abandono voluntario de la actividad delictiva, continué con la confesión de los hechos y finalice con una colaboración eficaz, con una de las finalidades antes expuestas (STS. 524/2002 de 10.4), bien entendido que la aplicación del art. 376 quede al libre arbitrio del órgano judicial sentenciador y también entra dentro de la discrecionalidad del juzgador si, de aplicar el precepto, la pena se reduce a uno o en dos grados, por lo que no es revisable en casación, a condición de que aquella decisión esté suficientemente motivada (STS. 500/2000 de 15.3), 453/2006 de 10.10)».

El artículo 376 párrafo 2.º del CP establece el siguiente **subtipo atenuado**:

«Igualmente, en los casos previstos en los artículos 368 a 372, los jueces o tribunales podrán imponer la pena inferior en uno o dos grados al reo que, siendo drogodependiente en el momento de comisión de los hechos, acredite suficientemente que ha finalizado con éxito un tratamiento de deshabituación, siempre que la cantidad de drogas tóxicas, estupefacientes o sustancias psicotrópicas no fuese de notoria importancia o de extrema gravedad».

Al respecto, cabe traer a colación la **sentencia del Tribunal Supremo n.º 420/2013, de 23 de mayo, ECLI:ES:TS:2013:2608**:

«(…) que haya finalizado con éxito el tratamiento. Tan solo se indica que comenzó en mayo de 2009. No se añade nada más, porque ninguna base existe en los autos. El informe obrante al folio 79 al que se refiere el Fiscal se limita a verificar que al condenado ' se le pautaron controles toxicológicos' y que ' desde diciembre de 2011 no ha repetido'. Coinciden tales datos con el informe aportado por la defensa en el acto del juicio oral. Se habla de asistencia y controles con motivo de su drogodependencia. Pero la fecha del documento es 4 de noviembre de 2011.

Ciertamente la interrupción en esa fecha puede deberse no solo al abandono voluntario, como sugiere el Fiscal. Pero es un salto en el vacío deducir de esas lacónicas referencias que el tratamiento ha finalizado con éxito como exige el precepto. Es de notar que se decretó su libertad por estos hechos. Eso implica que tampoco puede encontrarse explicación a la discontinuidad en una privación de libertad originada por este suceso. El visionado de la grabación pone de relieve que el acusado en sus declaraciones durante el juicio oral insiste en la necesidad de rehabilitación y tratamiento. Es patente por ello que no se ha alcanzado el objetivo de deshabituación que el art. 376 exige como requisito. En el momento de la última palabra en el plenario, el recurrente con muestras de cierta angustia recalca la necesidad de ayuda para tratarse. No solo no se ha acreditado el éxito del tratamiento (...)».

Las pautas o condicionamientos técnico-jurídicos para la apreciación de esta circunstancia, radican en dos pilares fundamentales:

- La **constatación fehaciente de la severidad de la adicción y su influencia** en la capacidad volitiva del sujeto.

- La anterior premisa fáctica ha de sustentarse **en criterios objetivos sostenidos por los informes médico-legales, autenticados por profesionales especializados**, sea cual fuere su categoría o empleo tales como: médicos, psicólogos, trabajadores sociales, etc.

JURISPRUDENCIA

Sentencia del Tribunal Supremo n.° 132/2019, 12 de marzo, ECLI:ES:TS:2019:1511

«(...) la STS 273/2014, de 7 de abril, con cita de la STS 1168/2010, de 28 de diciembre y de las SSTC 233/2002 de 9 de diciembre, 34/2006 de 13 de febrero y 160/2006 de 22 de mayo), esta Sala viene admitiendo la aptitud de la declaración del coimputado (añadimos ahora, coacusado) en el proceso penal para provocar el decaimiento de la presunción de inocencia, aun cuando sea prueba única, siempre que su contenido esté corroborado por hechos, datos o circunstancias externos que avalen de manera genérica la veracidad de la declaración y la intervención del acusado en el hecho concernido.

El fundamento esencial de toda la jurisprudencia constitucional en esta materia está constituido por el principio de que la veracidad objetiva de lo declarado por el coimputado ha de estar avalada por algún dato o circunstancia externa que debe verificarse caso por caso, y ello porque su papel en el proceso es híbrido: es imputado en cuanto a su implicación en los hechos enjuiciados, y es un testigo en relación a la intervención de terceros, pero esta simultaneidad de situaciones desdibuja su condición de tal y por ello no se le exige promesa o juramento, y su contenido puede suscitar desconfianza por poder venir inspirado en motivos espurios de odio, venganza o ventajas para él derivadas de su heteroincriminación.

Esta falta de credibilidad subjetiva no puede ser magnificada porque no debe olvidarse que por mucha desconfianza que se pueda suscitar, en el propio Código Penal existen tipos penales constituidos, precisamente, sobre la figura del testimonio del coimputado como ocurre con los arts. 376 y 579 -las figuras del arrepentimiento activo en los delitos de tráfico de drogas y en materia de terrorismo-, es decir en relación a las más típicas manifestaciones delictivas de la delincuencia organizada.

En definitiva, la singularidad del testimonio del coimputado (aquella persona que en el momento de ser enjuiciada, está acusando también y simultáneamente a otro u otros como interviniente en los mismos hechos), es que es insuficiente para fundar exclusivamente en él una condena, por lo que su declaración debe venir confirmada por datos externos, es decir de otra fuente de prueba distinta de la facilitada por el propio imputado».

Sentencia del Tribunal Supremo n.º 68/2017, de 08 de febrero, ECLI:ES:TS:2017:435

«(...) Es decir el Tribunal pone de manifiesto, con independencia de que quienes dirigen el tratamiento no hayan dado por totalmente finalizado el mismo, la triple consideración de: no excesiva previa adicción, persistencia en el tratamiento con resultados favorables durante largo tiempo, y ausencia de controles que revelen recidiva de consumo en ese tiempo. Tales datos permiten calificar jurídicamente el tratamiento como terminado con éxito a los efectos penales, por más que de hecho el penado haya continuado con aquel tratamiento.

De tal suerte que todos los requisitos del artículo 376 del Código Penal se tienen por cumplidos satisfactoriamente y de manera total y conclusa.

Como por otra parte hemos decidido en algún otro supuesto. Así el resuelto en la STS de 11 de octubre de 2010. Dijimos allí que 'Tiene declarado esta Sala sobre esta atenuante cualificada, como es exponente la Sentencia de esta Sala 714/2007, de 18 de septiembre (RJ 2007, 5183), que se trata de un comportamiento posterior al hecho delictivo de quien siendo autor de un delito contra la salud pública, se someta con éxito a un programa de deshabituación, siempre que su conducta, típica de tráfico de drogas, no tenga por objeto una notoria importancia o sea de especial gravedad. ....Desde la dicción legal ....., se exige, como requisito positivo, la condición de drogodependiente en el momento de la comisión de los hechos, el sometimiento y éxito de un programa de deshabituación, y un requisito negativo sobre el objeto del tráfico.........y respecto al tercer requisito de que hubiese finalizado con éxito un tratamiento de deshabituación también ha quedado acreditado, por lo que se ha dejado expresado al examinar motivos anteriores, que el recurrente se sometió a tratamiento de deshabituación y consta, por informe emitido por el Servicio de Salud del Principado de Asturias, que como consecuencia de dicho tratamiento y tras varios controles que dieron positivo al consumo de tales sustancias, uno posterior, de fecha 16 de diciembre de 2008, confirmó que el tratamiento estaba obteniendo los resultados de deshabituación pretendidos (...)».

8.2. Finalización con éxito de un programa de deshabituación de drogas

El **artículo 376 del CP** en su párrafo 2.º establece el siguiente subtipo atenuado:

«Igualmente, en los casos previstos en los artículos 368 a 372, los jueces o tribunales podrán imponer la pena inferior en uno o dos grados al reo que, siendo drogodependiente en el momento de comisión de los hechos, acredite suficientemente que ha finalizado con éxito un tratamiento de deshabituación, siempre que la cantidad de drogas tóxicas, estupefacientes o sustancias psicotrópicas no fuese de notoria importancia o de extrema gravedad».

El referido precepto ha sido concebido para lo que se ha llamado el «delincuente funcional», esto es, aquél que trafica para consumir. El **Tribunal Supremo en su sentencia n.º 362/2022, de 7 de abril, ECLI:ES:TS:2022:1494,** señala que tal precepto ha sido por algunos casos inaplicable en la práctica, no ya por el relativo fracaso estadístico asociado a este tipo de tratamientos de deshabituación de las drogas, sino por la celeridad imprimida al enjuiciamiento de los hechos delictivos relacionados con el tráfico de drogas a pequeña escala. Incluso hay autores que, «(...) **censuran el criterio legislativo, por no considerar bastante la promesa de deshabituación, en línea con lo establecido en el art. 801.3 de la LECrim.** La lectura del art. 376 del CP, sin embargo, no deja espacio para opciones interpretativas alternativas: **el acusado ha de acreditar suficientemente que ha finalizado con éxito un tratamiento de deshabituación**».

Al respecto, cabe traer a colación la **sentencia del Alto Tribunal n.º 420/2013, de 23 de mayo, ECLI:ES:TS:2013:2608:**

«(...) que haya finalizado con éxito el tratamiento. Tan solo se indica que comenzó en mayo de 2009. No se añade nada más, porque ninguna base existe en los autos. El informe obrante al folio 79 al que se refiere el Fiscal se limita a verificar que al condenado ' se le pautaron controles toxicológicos' y que 'desde diciembre de 2011 no ha repetido'. Coinciden tales datos con el informe aportado por la defensa en el acto del juicio oral. Se habla de asistencia y controles con motivo de su drogodependencia. Pero la fecha del documento es 4 de noviembre de 2011.

Ciertamente la interrupción en esa fecha puede deberse no solo al abandono voluntario, como sugiere el Fiscal. Pero es un salto en el vacío deducir de esas lacónicas referencias que el tratamiento ha finalizado con éxito como exige el precepto. Es de notar que se decretó su libertad por estos hechos. Eso implica que tampoco puede encontrarse explicación a la discontinuidad en una privación de libertad originada por este suceso. El visionado de la grabación pone de relieve que el acusado en sus declaraciones durante el juicio oral insiste en la necesidad de rehabilitación y tratamiento. Es patente por ello que no se ha alcanzado el objetivo de deshabituación que el art. 376 exige como requisito. En el momento de la última palabra en el plenario, el recurrente con muestras de cierta angustia recalca la necesidad de ayuda para tratarse. No solo no se ha acreditado el éxito del tratamiento (...)».

Las pautas o condicionamientos técnico-jurídicos para la apreciación de esta circunstancia por los jurisconsultos, radica en dos pilares fundamentales:

- La **constatación fehaciente de la severidad de la adicción** y su influencia en la capacidad volitiva del sujeto.
- La anterior premisa fáctica, ha de sustentarse en **criterios objetivos sostenidos por los informes médico-legales, autenticados por pro-**

fesionales especializados, sea cual fuere su categoría o empleo tales como: médicos, psicólogos, trabajadores sociales, etc.

Es decir, el objeto del citado precepto, no es otro que el de otorgar un trato beneficioso a **aquellos que se hayan visto determinados para la comisión del delito por la situación de drogodependencia previa, es decir, a quienes intervienen en el comercio de estas sustancias como medio para subvencionarse su propio consumo**, por lo que, no será aplicable la atenuación cuando el objeto del delito merece su atención a la cantidad de sustancia intervenida una especial consideración, al concurrir en el delincuente otras motivaciones diferentes que influyen en la ejecución del hecho criminal (**STS n.º 888/2012, de 22 de noviembre, ECLI:ES:TS:2012:8052**).

La **sentencia del Tribunal Supremo n.º 714/2007, de 18 de septiembre, ECLI:ES:TS:2007:5842**, aclara que la desintoxicación **ha de darse en un momento posterior al hecho delictivo**, es decir, se trata de una especie de premio a una conducta posterior, que posibilita una sensible reducción de la consecuencia jurídica, con posibilidad de sustitución de la pena resultante, y para tal reducción se exigen los siguientes requisitos:

- **Requisito positivo**: ser drogodependiente en el momento de la comisión de los hechos.

- **Requisito positivo**: sometimiento y éxito de un programa de deshabituación.

- **Requisito negativo**: haber cometido un delito contra la salud pública siempre que su conducta típica de tráfico de drogas no tenga objeto una notoria importancia o sea de especial gravedad.

> **JURISPRUDENCIA**
>
> **Sentencia del Tribunal Supremo n.º 132/2019, 12 de marzo, ECLI:ES:TS:2019:1511**
>
> *«(...) la STS 273/2014, de 7 de abril, con cita de la STS 1168/2010, de 28 de diciembre y de las SSTC 233/2002 de 9 de diciembre, 34/2006 de 13 de febrero y 160/2006 de 22 de mayo), esta Sala viene admitiendo la aptitud de la declaración del coimputado (añadimos ahora, coacusado) en el proceso penal para provocar el decaimiento de la presunción de inocencia, aun cuando sea prueba única, siempre que su contenido esté corroborado por hechos, datos o circunstancias externas que avalen de manera genérica la veracidad de la declaración y la intervención del acusado en el hecho concernido.*
>
> *El fundamento esencial de toda la jurisprudencia constitucional en esta materia está constituido por el principio de que la veracidad objetiva de lo declarado por el coimputado ha de estar avalada por algún dato o circunstancia externa que debe verificarse caso por caso, y ello porque su papel en el proceso es híbrido: es imputado en cuanto a su implicación en los hechos enjuiciados, y es un testigo en relación a la intervención de terceros, pero esta simultaneidad de situaciones desdibuja su condición de tal y por ello no se le exige promesa o juramento, y su contenido puede suscitar desconfianza por poder venir inspirado en motivos espurios de odio, venganza o ventajas para él derivadas de su heteroincriminación.*
>
> *Esta falta de credibilidad subjetiva no puede ser magnificada porque no debe olvidarse que por mucha desconfianza que se pueda suscitar, en el propio Código Penal existen tipos penales constituidos, precisamente, sobre la figura del testimonio del*

coimputado como ocurre con los arts. 376 y 579 -las figuras del arrepentimiento activo en los delitos de tráfico de drogas y en materia de terrorismo-, es decir en relación a las más típicas manifestaciones delictivas de la delincuencia organizada.

En definitiva, la singularidad del testimonio del coimputado (aquella persona que en el momento de ser enjuiciada, está acusando también y simultáneamente a otro u otros como interviniente en los mismos hechos), es que es insuficiente para fundar exclusivamente en él una condena, por lo que su declaración debe venir confirmada por datos externos, es decir de otra fuente de prueba distinta de la facilitada por el propio imputado».

Sentencia del Tribunal Supremo n.º 68/2017, de 08 de febrero, ECLI:ES:TS:2017:435

«(…) Es decir el Tribunal pone de manifiesto, con independencia de que quienes dirigen el tratamiento no hayan dado por totalmente finalizado el mismo, la triple consideración de: no excesiva previa adicción, persistencia en el tratamiento con resultados favorables durante largo tiempo, y ausencia de controles que revelen recidiva de consumo en ese tiempo. Tales datos permiten calificar jurídicamente el tratamiento como terminado con éxito a los efectos penales, por más que de hecho el penado haya continuado con aquel tratamiento.

De tal suerte que todos los requisitos del artículo 376 del Código Penal se tienen por cumplidos satisfactoriamente y de manera total y conclusa.

Como por otra parte hemos decidido en algún otro supuesto. Así el resuelto en la STS de 11 de octubre de 2010. Dijimos allí que 'Tiene declarado esta Sala sobre esta atenuante cualificada, como es exponente la Sentencia de esta Sala 714/2007, de 18 de septiembre (RJ 2007, 5183), que se trata de un comportamiento posterior al hecho delictivo de quien siendo autor de un delito contra la salud pública, se someta con éxito a un programa de deshabituación, siempre que su conducta, típica de tráfico de drogas, no tenga por objeto una notoria importancia o sea de especial gravedad. ....Desde la dicción legal ....., se exige, como requisito positivo, la condición de drogodependiente en el momento de la comisión de los hechos, el sometimiento y éxito de un programa de deshabituación, y un requisito negativo sobre el objeto del tráfico.........y respecto al tercer requisito de que hubiese finalizado con éxito un tratamiento de deshabituación también ha quedado acreditado, por lo que se ha dejado expresado al examinar motivos anteriores, que el recurrente se sometió a tratamiento de deshabituación y consta, por informe emitido por el Servicio de Salud del Principado de Asturias, que como consecuencia de dicho tratamiento y tras varios controles que dieron positivo al consumo de tales sustancias, uno posterior, de fecha 16 de diciembre de 2008, confirmó que el tratamiento estaba obteniendo los resultados de deshabituación pretendidos (…)».

9.
TIPOS AGRAVADOS

Antes de comenzar a desarrollar este punto, resulta interesante traer a colación el **artículo 368 del Código Penal**, el cual establece lo siguiente:

> «Los que ejecuten actos de cultivo, elaboración o tráfico, o de otro modo promuevan, favorezcan o faciliten el consumo ilegal de drogas tóxicas, estupefacientes o sustancias psicotrópicas, o las posean con aquellos fines, serán castigados con las penas de prisión de tres a seis años y multa del tanto al triplo del valor de la droga objeto del delito si se tratare de sustancias o productos que causen grave daño a la salud, y de prisión de uno a tres años y multa del tanto al duplo en los demás casos».

Ahora bien, para hablar de **tipos agravados o agravaciones de primer grado**, hemos de remitirnos al **artículo 369 del CP** que establece que se impondrá **penas superiores en grado** a las señaladas en el mencionado art. 368 del CP, así como una **multa del tanto al cuádruplo en caso de que concurran alguna de las circunstancias** expuestas a continuación:

1. El culpable es autoridad, funcionario público, facultativo, trabajador social, docente o educador y obra en el ejercicio de su cargo, profesión u oficio.

Para que se aplique este tipo agravado es necesario que el sujeto activo se sirva de su condición profesional para la realización del hecho típico. Habrá de constatarse si en cada supuesto el culpable desarrolla la conducta delictiva abusando de su cargo, profesión u oficio, desarrollando alguna de las condiciones profesionales anteriormente citadas.

2. El culpable participa en otras actividades organizadas o cuya ejecución se ve facilitada por la comisión del delito.

El concepto normativo de delincuencia organizada lo regula la Ley de Enjuiciamiento Criminal (LECrim, en adelante) en su artículo 282 bis. Señala el precepto que:

> «Se considerará como delincuencia organizada la asociación de tres o más personas para realizar, de forma permanente o reiterada, conductas que tengan como fin cometer alguno o algunos de los delitos siguientes:
> a) Delitos de obtención, tráfico ilícito de órganos humanos y trasplante de los mismos, previstos en el artículo 156 bis del Código Penal.

b) Delito de secuestro de personas previsto en los artículos 164 a 166 del Código Penal.

c) Delito de trata de seres humanos previsto en el artículo 177 bis del Código Penal.

d) Delitos relativos a la prostitución previstos en los artículos 187 a 189 del Código Penal.

e) Delitos contra el patrimonio y contra el orden socioeconómico previstos en los artículos 237, 243, 244, 248 y 301 del Código Penal.

f) Delitos relativos a la propiedad intelectual e industrial previstos en los artículos 270 a 277 del Código Penal.

g) Delitos contra los derechos de los trabajadores previstos en los artículos 312 y 313 del Código Penal.

h) Delitos contra los derechos de los ciudadanos extranjeros previstos en el artículo 318 bis del Código Penal.

i) Delito de tráfico de especies de flora o fauna amenazada previstos en los artículos 332 y 334 del Código Penal.

j) Delito de tráfico de material nuclear y radiactivo previsto en el artículo 345 del Código Penal.

k) Delitos contra la salud pública previstos en los artículos 368 a 373 del Código Penal.

l) Delitos de falsificación de moneda, previsto en el artículo 386 del Código Penal, y de falsificación de tarjetas de crédito o débito o cheques de viaje, previsto en el artículo 399 bis del Código Penal.

m) Delito de tráfico y depósito de armas, municiones o explosivos previsto en los artículos 566 a 568 del Código Penal.

n) Delitos de terrorismo previstos en los artículos 572 a 578 del Código Penal.

o) Delitos contra el patrimonio histórico previstos en el artículo 2.1.e) de la Ley Orgánica 12/1995, de 12 de diciembre, de represión del contrabando».

3. Los hechos son realizados en establecimientos abiertos al público por los responsables o los empleados de los mismos.

La jurisprudencia del Tribunal Supremo ha determinado que se trata de un **concepto jurídico múltiple o plural**, pues por locales abiertos al público se engloban gran variedad de establecimientos no solo los hosteleros como bares, cafeterías o restaurantes, sino todos aquellos cuyo acceso no esté limitado a determinadas personas, sino que se encuentra libre para que entre quien lo desee. Se trata de una clase de dependencia en la que se desarrolla una actividad empresarial, mercantil, financiera de cualquier orden actuando de cara al público. La apertura del establecimiento o local, conforme el Alto Tribunal, supone que sus titulares conceden una amplia habilitación a todos los interesados a acceder libremente al local con fin de realizar toda clase de gestiones y actividades que guarden relación con la dedicación del establecimiento.

Es relevante citar la **STS n.º 352/2017, de 17 de mayo, ECLI:ES:TS:2017:1981**:

«En nuestra jurisprudencia hemos señalado, como requisito de la agravación, que los actos de tráfico que se realicen en un establecimiento, por sus responsables o encargados y con la finalidad de realizar en el mismo el tráfico de sustancias tóxicas con evidente aprovechamiento de la cobertura proporcionada por un establecimiento abierto al público que proporciona un libre acceso a su interior. En todo caso hemos señalado una interpretación restrictiva, excluyendo su aplicación cuando el establecimiento sea un mero depósito de la sustancia y no resulte un aprovechamiento del mismo para la comisión del delito (STS 211/2000, de 17 de julio, 1201/2005, de 27 de octubre y 1238/2009, de 11 de diciembre). Es preciso que el relato fáctico precise que el autor se ha beneficiado de las facilidades que resultan del establecimiento público y que ese aprovechamiento ha supuesto un incremento en el peligro prohibido por la norma (STS 801/2013, de 5 de octubre)

El fundamento radica en la intensificación del peligro que resulta de la realización de los actos de tráfico en un local respecto al que el autor se aprovecha de la pantalla de licitud que proporciona un establecimiento abierto al público del que no cabe sospechar una utilización distinta de la propia para la que tiene la licencia de funcionamiento como establecimiento abierto al público, de manera que la autorización sirva de cobertura a la ilícita actividad que en su interior se realiza. En definitiva que un local destinado a una concreta finalidad sea aprovechado por el autor para la cobertura de una finalidad ilícita que no cabe sospechar».

> **A TENER EN CUENTA.** La conducta activa ha de ser realizada por quienes consten como **responsables, administradores o encargados de dicho local y aquellas personas ajenas al mismo.**

4. Las sustancias a que se refiere el artículo 368 del CP se facilitan a menores de 18 años, a disminuidos psíquicos o a personas sometidas a tratamiento de deshabituación o rehabilitación.

Es interesante hacer mención de la **sentencia de la Audiencia Provincial de Barcelona n.º 487/2021,de 30 de junio, ECLI:ES:APB:9956,** que reza lo siguiente:

«En cuanto al delito contra la salud pública del art. 369.1.4° CP, recuerda la Audiencia Provincial de Asturias (Sección 2ª) en sentencia num. 440/2017 de 15 diciembre que 'Igualmente se está en el caso de condenar al acusado como autor de un delito de tráfico de drogas del art 368 y 369.4 del CP (RCL 1995, 3170) . El art. 368 CP castiga, el tráfico de drogas tóxicas o sustancias estupefacientes o psicotrópicas a 'los que ejecuten actos de cultivo, elaboración o tráfico, o de otro modo promuevan, favorezcan o faciliten el consumo ilegal de drogas tóxicas, estupefacientes o sustancias psicotrópicas, o las posean con aquellos fines'. Con dicho tipo delictivo. Se quiere abarcar todo el ciclo de la droga diseñándose un delito de peligro abstracto.

La STS 1312/2005, de 7 de noviembre (RJ 2005, 7529) explica cómo el objeto de protección es especialmente inconcreto. La salud 'pública' no existe ni como realidad mensurable ni como suma de la salud de personas individualmente consideradas. El objetivo, del legislador, más que evitar daños en la salud de personas concretas, es impedir la difusión de una práctica social peligrosa para la comunidad por el deterioro que causaría en la población. El consumo ilegal es el concepto de referencia del tipo penal y si bien en sí mismo no está incluido como conducta punible, es lo que se pretende evitar castigando toda acción encaminada a promoverlo, favorecerlo o facilitarlo.

La desmesurada extensión ya aludida de la conducta castigada en el tipo penal, combinada con la consideración como impune del consumo propio (por más que no pueda definirse como legal desde el punto de vista general del ordenamiento jurídico), así como la necesidad, confesada o no, de limitar el alcance del precepto punitivo embridando su aptitud gramatical para acoger acciones muy dispares, ha llevado a considerar atípico no sólo el consumo particular, sino también el practicado en grupo aunque se identifiquen actos de auxilio o facilitación recíproca entre los integrantes del colectivo que siempre ha de ser reducido (singularmente, encargarse de la adquisición de la sustancia). Es cierto y esta Sala no desconoce que reiterada doctrina del Tribunal Supremo viene señalando 'que de la misma forma que el autoconsumo de droga no es típico, el consumo compartido o autoconsumo plural entre adictos no constituye una conducta penalmente sancionable (STS1102/2003, de 23 de julio (RJ 2003, 5392), 850/2013, de 4 de noviembre (RJ 2013, 7339) y 1014/2013, de 12 de diciembre (RJ 2014, 329), entre otras)».

5. Es de notoria importancia la cantidad de dichas sustancias objeto de las conductas a las que se alude en el artículo 368 del CP.

En este punto, es ilustrativo traer a colación la **sentencia del Tribunal Supremo n.º 744/2017, de 16 de noviembre, ECLI:ES:TS:2017:4074**:

> «Por otra parte, la jurisprudencia de esta sala ha considerado, en numerosas ocasiones, que para la aplicación del subtipo agravado de notoria importancia, no es preciso que el acusado tenga una conciencia exacta y pormenorizada de la cantidad de droga objeto del delito, bastando para ello, la concurrencia del dolo eventual, cuando, como en el caso presente, el sujeto, en la situación concreta, el tamaño del buque para esa exclusiva carga, la duración de la parada durante el trasvase que tuvo que dirigir, dada su condición de jefe de máquinas y los múltiples fardos trasvasados, debió albergar serias sospechas de que la cantidad objeto de tráfico es significativa, (véase por ejemplo la sentencia de esta Sala 1237/2009, de 23 de noviembre). Práctica certeza en autos, cuando bastan 2.500 gramos [en este caso en concreto se trata de hachís] para integrar la agravante del 369.1.5ª, es decir, cinco mil seiscientas veces menos de la intervenida, una diferencia superior a 14.594.000 gramos».

Asimismo, la **STS n.º 485/2018, de 18 de octubre, ECLI:ES:2018:4170**, es altamente ilustrativa en lo relativo al alcance jurisdiccional de la notoria importancia.

> «Concurre en el presente caso la agravación de la notoria importancia, y, además, extensible a los partícipes, como hace el Tribunal, dada la cantidad de la sustancia intervenida y su pureza, y la participación de los autores en el delito, unos dentro del grupo criminal si se acredita éste, pero no en otros, con lo que el Tribunal ha sido exquisito en la valoración de la

prueba, ya que una cosa es la existencia de un grupo criminal en el destino de delito contra la salud pública donde se aprehenden cantidades que llegan a la notoria importancia y que se extienden a los autores y miembros del grupo, como aquí consta, y en otros no se ha apreciado la pertenencia a grupo criminal, pero sí les afecta la coparticipación por coautoría en el delito contra la salud pública con cantidades de notoria importancia, por lo que el Tribunal ha valorado debidamente la prueba y ubicado a cada acusado en su posición en la comisión de los hechos así como individualizando las conductas de cada uno de los autores».

Sigue exponiendo la mencionada sentencia que:

«La doctrina de esta Sala Segunda ha concretado, como dice la sentencia de 15 Jun. 1999 (STS 1014/1999), el concepto jurídico indeterminado de la **'cantidad de notoria importancia'** que, como elemento normativo, configura el subtipo agravado previsto en el art. 369.3 (ahora nº 5) CP ... No debe olvidarse que cuando el legislador decide aumentar la pena a una actividad delictiva que se ha convertido en una de las amenazas más relevantes para la sociedad, ya era conocedor del concepto de 'notoria importancia' acuñado por el Tribunal Supremo cuando se tratara de sustancias que afecten gravemente a la salud. Alterar ahora la definición y el alcance que esta Sala Segunda ha efectuado del concepto en cuestión supondría una suerte de subversión a la 'voluntas legislatoris' si se tiene en cuenta que una de las razones que le haya impulsado a incrementar las penas para los delitos de tráfico de drogas es la de potenciar el efecto disuasorio que la pena supone para los eventuales delincuentes, es decir, la prevención general, que se vería seriamente comprometida en el caso de que se modificara al alza el elemento de notoria importancia que examinamos .... Por lo demás, el concepto jurídico de notoria importancia está en relación con el peso de la droga y el despliegue que sus nocivos efectos pueden casar en la salud pública, afectando a una pluralidad de consumidores, mayor cuanto más es la cantidad incautada, y ese concepto no tiene relación directa con la penalidad (pues ésta la fija el legislador y la individualiza el juez), sino con la potencial difusión de la misma, de manera que el concepto 'notoria importancia' debe fijarse en conjunción con una determinada magnitud, en este caso, con el peso, lo que equivale a mayor difusión, y no con la penalidad, y en esta tesis jurídica de tan notoria importancia será una determinada magnitud tanto si lo comparamos con el Código actual, como con el derogado.
Como dice también la sentencia de esta Sala, de 21 Jun. 1999, el señalamiento de una cuantía de sustancia como constitutiva de la agravación de cantidad de notoria importancia resulta siempre convencional, pero responde a dos parámetros previos, el primero la cantidad que se presupone de autoconsumo y no de tráfico, por una parte, y de otra la cantidad de estupefaciente y su calidad».

6. Las referidas sustancias se adulteran, manipulan y mezclan entre sí o con otras, incrementando el posible daño a la salud.

Para que pueda apreciarse este subtipo agravado, ha de efectuarse por parte del sujeto activo una actividad tangencial o coyuntural a la conducta típica, tal como la adulteración, manipulación o mezcla de drogas tóxicas, estupefacientes o sustancias psicotrópicas, mermando sustancialmente con otros productos su calidad originaria y que suponga un incremento notorio del daño al bien jurídico protegido. Se trata de constatar, según la jurisprudencia, un incremento de los efectos nocivos sobre el organismo, y no un efecto que por el contrario generase la inocuidad de la sustancia.

7. Las conductas descritas en el artículo 368 del CP tienen lugar en centros docentes, en centros, establecimientos o unidades militares, en establecimientos penitenciarios o en centros de deshabituación o rehabilitación, o en sus proximidades.

El legislador ha dejado poco margen de interpretación extensiva para la aplicación de este subtipo agravado, por lo que el jurisconsulto ha de ceñirse exclusivamente a la apreciación de estos lugares en el supuesto de hecho concreto. La doctrina entiende que el ánimo tendencial en la apreciación de esta circunstancia queda patente dado que existe un mayor componente de antijuridicidad en la realización de la conducta típica en centros docenes, en centros, establecimientos o unidades militares, en centros penitenciarios o en centros de deshabituación o rehabilitación o en sus proximidades.

En este punto, es ilustrativa la **sentencia del Tribunal Supremo n.º 336/2018, de 4 de julio, ECLI:ES:TS:2018:2557:**

> «También es cierto que el nº 7 del artículo 369.1 CP contiene una modalidad agravada de carácter locativo, en atención a que las conductas que integran el tipo básico se desarrollen en determinados lugares. Es este nuestro caso en el que la actividad tuvo lugar en el interior de un centro penitenciario.
>
> La más reciente jurisprudencia ha delimitado los perfiles de esta modalidad agravada como delito de riesgo concreto, que se superpone sobre el meramente abstracto bastante para integrar el del tipo básico. De esta manera es necesario una amenaza específica de difusión o propagación de las sustancias entre los internos en la prisión. Y así se ha rechazado su aplicación, en los supuestos en los que no ha existido un peligro cierto de distribución entre los presos (SSTS 784/2007 de 2 de octubre, 53 /2009 de 26 de enero, 668/2009 de 5 de junio, 142/2010 de 25 de febrero o 257/2015 de 6 de mayo).
>
> En este caso, el relato de hechos probados que nos vincula, no solo afirma que el ahora recurrente y su hermano se venían dedicando a la distribución de drogas tóxicas entre los reclusos con los que compartían estancia en prisión, sino que en lo que se refiere a la sustancia incautada, ya había sido introducida en el centro, y se encontraba en condiciones de ser distribuida».

8. El culpable emplea violencia o exhibe o hace uso de armas para cometer el hecho.

La violencia, intimidación o empleo de armas para la aplicación de este subtipo agravado han de constatarse en el momento de realización de la conducta y no con posterioridad una vez ejecutada la misma. El Alto Tribunal ha matizado en multiplicidad de ocasiones esta circunstancia ya que en la casuística se han tratado de aplicar estas agravaciones cuando el delincuente las ha empleado de manera auxiliar, a fin de evitar ser descubierto o para favorecer su huida. En estos casos, la jurisprudencia descarta su aplicación debido a que estas circunstancias fueron ejecutadas de manera coyuntural a la realización del elemento objetivo.

9.1. Tipos hiperagravados

Dentro de los tipos agravados que regula el Código Penal distinguimos, a parte de las agravaciones de primer grado ya explicadas en puntos anteriores, los **delitos hiperagravados o agravaciones de segundo grado**.

Antes de ahondar en materia, ha de mencionarse el **artículo 368 del Código Penal** por el que se establece, para el supuesto de **ejecución de actos de cultivo, elaboración o tráfico,** o de otra manera los sujetos sean **promotores** y **favorezcan** o **faciliten** el **consumo ilegal de drogas tóxicas, estupefacientes** o **sustancias psicotrópicas** o bien las **posean** para esos fines, las siguientes penas:

- **Pena de prisión de tres a seis años**, así como una **multa del tanto al triplo** del valor de la droga objeto del delito si se trata de sustancias o productos que causan un grave daño a la salud.

- **Pena de prisión de uno a tres años** y una **multa del tanto al duplo** en los demás supuestos.

Así pues, en los que nos atañe sobre los **tipos hiperagravados**, el **artículo 370 del CP** señala que se impondrá la **pena superior en uno o dos grados** a las citadas en las líneas anteriores en los siguientes supuestos:

1. Cuando se utilice a **menores de 18 años** o a **disminuidos psíquicos** para la comisión de estos delitos.

En lo relativo a la ejecución de la conducta, la concurrencia de este supuesto de agravación de la pena supone, además de un desvalor en la realización de la acción, una mayor impunidad sobre el comportamiento del sujeto activo, al utilizar a menores de edad o discapacitados psíquicos como «elementos útiles» o «meros instrumentos» para realizar las conductas que se están estudiando. Este componente supone en la acción una mayor peligrosidad y un mayor riesgo para dichos menores de edad o personas con discapacidad psíquica, ya no solamente por suponer un ingreso en las mismas en el ámbito delincuencial, sino que también este rechazo se ve incrementado por la participación de las mismas en el radio de acción del tráfico ilícito de drogas tóxicas, estupefacientes y sustancias psicotrópicas.

En cuanto a este punto, es interesante traer a colación la **sentencia del Tribunal Supremo n.º 459/2021, de 27 de mayo, ECLI:ES:TS:2021:2167,** que establece lo siguiente:

«El artículo 370.1 CP agrava la pena correspondiente al **delito de tráfico de drogas cuando se utilice a menores o a personas afectadas por**

discapacidad psíquica para cometerlos. Esta Sala, reunida en pleno no jurisdiccional el 26 de febrero de 2009, adoptó el siguiente acuerdo 'El tipo agravado previsto en el artículo 370.1° del Código Penal resulta de aplicación cuando el autor se sirve de un menor de edad o disminuido psíquico de un modo abusivo y en provecho propio o de un grupo, **prevaliéndose de su situación de ascendencia o de cualquier otra forma de autoría mediata**'. Las sentencias 176/2009 y 311/2009 que el recurso invoca, expusieron las pautas que orientaron la interpretación restrictiva que sustentó tal acuerdo, especialmente justificada en las gravísimas consecuencias penológicas que la aplicación de tal modalidad agravada conlleva: la elevación hasta en dos grados de la penalidad básica del artículo 368 CP. Este doble efecto agravatorio fue introducido por la LO 15/2003 y aún subsiste en la actualidad».

Además, sigue rezando la citada sentencia que:

«(...) en relación con la aplicación del artículo 369.9 CP, precedente del 370.1 CP, que la agravación 'ha sido justificada por esta Sala, **no sólo por la necesidad de dispensar adecuada tutela a los menores, sino también** por otros factores, tales como la **mayor facilidad para la comisión del delito, eludiendo responsabilidades penales y dificultado la administración de justicia**. Al incorporarse al menor a la mecánica delictiva es indudable la **potencialidad de afección de otros bienes jurídicos** y, desde luego, **lesionada** queda **su dignidad** al servirse de él y hacerlo objeto de tan repudiables maniobras. El verbo nuclear es 'utilizar', comprendiendo en dicha acción **cualquier papel que puedan estos menores realizar o coadyuvar a realizar** en la mecánica delictiva, con tal que dicha tarea sea relevante, incluso la instrumental, como el transporte o tenencia mediata (...)».

Asimismo, el Alto Tribunal es claro al señalar:

«La reforma operada por la LO 15/2003 supuso un punto de inflexión, en cuanto que incrementó la potencialidad agravatoria de la utilización de menores en el tráfico de drogas. No solo elevó su límite aplicativo de los 16 años que marcaba del precedente artículo 369.9 CP a la mayoría de edad, sino también aumentó en un grado la posibilidad de exacerbación punitiva. Los criterios que pautaron la línea jurisprudencial a partir del citado acuerdo de 26 de febrero de 2009, no obviaron la importancia del bien jurídico de referencia, la protección de la infancia y la juventud, aunque si valoraron que no era el artículo 370.1 CP el único precepto que abundaba en ese objetivo, al coexistir con otras figuras agravadas con el mismo enfoque, como las actualmente contenidas en los apartados 4 y 7 del artículo 369 CP. La interpretación del término utilizar, se orientó ahora hacia supuestos en que los menores, bien por el prevalimiento de la ascendencia sobre ellos a la hora de ser captados o porque se abusara de su inmadurez o vulnerabilidad, fueran empleados como meros instrumentos exentos de responsabilidad, incluida la propia de las personas menores de edad. Situaciones muy distintas de aquellas en la que los menores aceptan voluntariamente su intervención, propiciando relaciones que quedarían englobadas en la coautoría o en la participación de un menor en el delito de un mayor. La razón del acuerdo, aclararía posteriormente la STS 296/2016 de 11 de abril 'desde un punto de vista negativo es excluir la utilización de menores de edad en los hechos ex artículo 370.1 CP cuando actúan como socios, colaboradores o cooperadores de los autores mayores de edad en virtud no de relaciones de ascendencia o prevalencia de éstos sino como consecuencia de un concierto previo o situaciones en pie de igualdad'.

Todo ello sin olvidar que **la agravación se justifica en la necesidad de preservar a las personas menores de edad de su implicación en delitos de tráfico de drogas.** En la búsqueda de un **equilibrio entre ese fundamento agravatorio y la necesidad de evitar una rígida aplicación del supuesto agravado,** la STS 70/2011, antes citada, focalizó la atención en la relevancia de la aportación. Extractamos el siguiente fragmento 'es cierto que este precepto agravado justifica su existencia por la necesidad de preservar la formación integral del menor, apartándole del submundo de la droga y de las implicaciones negativas que éste conlleva para su adecuado desarrollo. La utilización interesada de un niño, además, no es ajena a la búsqueda de una facilidad comisiva que se derivaría de las menores sospechas que la presencia de un menor puede suscitar a los agentes encargados de la averiguación de los hechos relacionados con la distribución clandestina de drogas. Precisamente por ello, esta Sala ha estimado, en la búsqueda de un equilibrio entre el fundamento de la agravación y la necesidad de evitar una rígida aplicación del supuesto agravado, que no basta cualquier aportación. Es indispensable que ésta sea relevante'.

En ese sentido ha quedado conformada la más reciente interpretación de este subtipo agravado en las SSTS 147/2019, de 18 de marzo o la 313/2021, de 14 de abril».

2. Cuando se trate de los **jefes, administradores o encargados** de las **organizaciones** a que se refiere la circunstancia 2.ª del **artículo 369.2 del CP**, que es que «el culpable participare en otras actividades organizadas o cuya ejecución se vea facilitada por la comisión del delito».

El legislador ha entendido que en este punto existe una mayor responsabilidad en la ejecución de la conducta debido a que se trata de responsables, ya sean jefes o administradores, de una organización jerarquizada u organizada con fines delictivos.

Así pues, en esta línea, el **Tribunal Supremo en su sentencia n.º 855/2013, de 11 de noviembre, ECLI:ES:TS:2013:5580,** dispone:

> «El artículo 369 bis contiene una previsión específica para los casos en que se aprecie que los acusados pertenecen a una organización, estableciendo pena de nueve a doce años de prisión, que se aumentará en un grado cuando se trate de jefes, administradores o encargados, es decir, resultando una pena comprendida entre doce años y un día y 18 años. Igualmente se establece una pena de multa del tanto al cuádruplo del valor de la droga.
>
> Sin embargo, el artículo 370, en el que se regulan los casos de extrema gravedad, sin hacer mención a la pertenencia a una organización, prevé la imposición de la pena superior en uno o dos grados a la prevista en el artículo 368, lo que conduciría a una pena comprendida entre seis años y un

día hasta nueve años, o bien desde nueve años y un día hasta trece años y seis meses de prisión, cuando las circunstancias de los hechos justifiquen la exacerbación de la pena hasta la superior en dos grados, es decir, en estos casos, una pena superior a la prevista para los meros integrantes de la organización.

Ambos preceptos podrían ser considerados especiales a los efectos del artículo 8.1, pues ambos contemplan supuestos de agravación respecto de la conducta prevista en el tipo básico a través de la concurrencia de elementos diferenciadores, lo que conduciría a la aplicación de la norma que prevea la pena más grave, conforme al artículo 8.4».

Asimismo, la **sentencia del Tribunal Supremo n.º 760/2018, de 28 de mayo, ECLI:ES:TS:2019:1706,** también resulta altamente ilustrativa:

«El artículo 369 bis del Código Penal, en su redacción dada por la LO 5/2010 agrava las conductas contempladas en el artículo 368 cuando los hechos 'se hayan realizado por quienes pertenecieren a una organización delictiva'.

Siguiendo lo que al respecto dijimos en nuestra sentencia 849/2013 de 12 noviembre (con cita de las SSTS. 628/2010 de 1 de julio, 362/2011 de 6 de mayo, 629/2011 de 23 de junio), después reproducida en la sentencia 277/2016 de 6 abril, el Código no contiene una definición auténtica, previa y concreta, de los términos organización o asociación. La LO. 5/2010 de 22 de junio, con su redacción del artículo 570 bis del Código Penal, consideró organización criminal a la agrupación formada por más de dos personas con carácter estable o por tiempo indefinido, cuando de manera concertada y coordinada, se reparten tareas y funciones, con el fin de cometer delitos, así como de llevar a cabo la perpetración reiterada de faltas, 'por lo que el nuevo texto[decíamos en aquellas sentencias]ya no hace referencia a la transitoriedad de las organizaciones puestas al servicio del delito, novedad congruente con la regulación introducida por el art. 369 bis que se aparta de su inmediato precedente representado por el art. 369.1.2, que castigaba la pertenencia a una organización o asociación... 'incluso de carácter transitorio que tuviese como finalidad difundir tales sustancias o productos, aún de modo ocasional.

La nueva definición, en su esencia, era acorde con la línea jurisprudencial mayoritaria (STS 749/2009 de 3 de julio), en el sentido de exigir que: 'los autores hayan actuado dentro de una estructura caracterizada por un centro de decisiones y diversos niveles jerárquicos, con posibilidades de sustitución de unos a otros mediante una red de reemplazos que asegura la supervivencia del proyecto criminal con cierta independencia de las personas integrantes de la organización y que dificulten de manera extraordinaria la persecución de los delitos cometidos, aumentando al mismo tiempo, el daño posible causado. La existencia de la organización no depende del número de personas que la integren, aunque ello estará condicionado, naturalmente, por las características del plan delictivo; lo decisivo es, precisamente, esta posibilidad de desarrollo del plan delictivo de manera independiente de las personas individuales, pues ello es lo que permite hablar de una 'empresa criminal'' (SSTS de 19 de enero y 26 de junio 1995; 10 de febrero y 25 de mayo de 1997; o 10 de marzo de 2000)».

3. Cuando las conductas descritas en el artículo 368 del CP fuesen de **extrema gravedad**. Pero **¿cuándo se consideran conductas de extrema gravedad?** El art. 370 del CP fija que las conductas serán consideradas de extrema gravedad cuando:

- La **cantidad** de las **sustancias** referida en el artículo 368 del CP **excediese** de **manera notable** de la que se considera como de notoria importancia. En este punto, la **Sala General de la Sala de lo Penal del Tribunal Supremo, en su reunión de 25 de noviembre de 2011,** acordó que esta agravación procede en os casos en los que el objeto del delito esté representado por una cantidad que exceda de la resultante de **multiplicar por 1.000 la cuantía** como módulo para la apreciación de la agravante de notoria importancia. Así pues, véase en la tabla relativa a «las dosis mínimas psicoactivas y cantidades de notoria importancia» aquellas cantidades que constituyen «notoria importancia» y, una vez multiplicadas por 1.000, se obtiene cuándo se considera «extrema gravedad» en función de la cantidad.

- Se hayan empleado **buques, embarcaciones o aeronaves** a modo de **trasporte específico**. A este respecto, el **acuerdo del Tribunal Supremo de 25 de noviembre de 2008** establece que «a los efectos del art. 370.3 del CP, no cabe considerar que toda embarcación integra el concepto de "buque". La agravación está reservada para aquellas embarcaciones con propulsión propia o eólica y, al menos, una cubierta, con cierta capacidad de carga e idónea para realizar travesías de entidad. Por tanto, quedan excluidas de ese concepto, con carácter general, las lanchas motoras, planeadoras para efectuar travesías de cierta entidad».

- Se hayan llevado a cabo las mencionadas conductas **aparentando** ser **operaciones de comercio internacional** entre empresas.

- Se trate de **redes internacionales** dedicadas a ese tipo de actividades.

- **Concurren tres o más circunstancias** de las que prevé el **artículo 369 del CP** en su apartado primero.

El **Tribunal Supremo en su sentencia n.º 48/2024, de 17 de enero, ECLI:ES:TS:202242:271,** fija lo siguiente:

> «La jurisprudencia de esta Sala, SSTS 441/2015, de 24-6; 495/2015, de 29-6; 481/2016, de 2-6; 913/2016, de 2-12; 931/2022, de 30-11, precisa que la problemática planteada en el motivo quedó en parte solventada, tras la reforma llevada a cabo por LO 15/2003, que en el artículo 370.3 dio una definición de lo que debe entenderse por conducta de "extrema gravedad" en materia de tráfico de drogas, al decirse "que se considerarán de extrema gravedad los casos en que la cantidad de las sustancias a que se refiere el art. 368 excediere notablemente de la considerada como de notoria importancia o se haya utilizado buques o aeronaves como medio de transporte específico o se hayan llevado a cabo las conductas indicadas simulando operaciones de comercio internacional entre empresas, o se trate de redes internacionales dedicadas a este tipo de actividades o cuando concurriesen tres o más de las circunstancias previstas en el art. 369.1 CP."

Otras cuestiones relacionadas con la extrema gravedad se abordaron en el Pleno no jurisdiccional celebrado el 25-11-2008, con un doble alcance. Se examinó, en primer lugar, la conveniencia de utilizar un criterio numérico de cantidad de sustancia estupefaciente para integrar la llamada hiperagravación del art. 370.3 CP, y en segundo lugar, se precisó lo que debía entenderse por buque a estos efectos. Así, se acordó "la aplicación de la agravación del art. 370.3 CP referida a la extrema gravedad de la cuantía de sustancia estupefaciente, procederá en todos aquellos casos en que el objeto del delito esté representado por una cantidad que exceda a la resultante de multiplicar por mil la cuantía aceptada por esta Sala como módulo para la apreciación de la notoria importancia".

Con arreglo a este criterio, en el caso de hachís se considera cantidad de extrema gravedad a partir de los 2.500 kilos (entre otras SSTS 858/2009, de 20-7; 348/2010, de 31-3; 579/2014, de 16-7) resultante de multiplicar por mil los 2,5 kg. en que se fijó el límite de la notoria importancia para esta sustancia (STS 495/2015, de 29-6).

En el caso presente, la utilización de un buque como medio de transporte específico, no se cuestiona, y se ocuparon 18 toneladas de hachís, esto es, 18.000 kg., la concurrencia del art. 370.3 CP no puede ser discutida, máxime cuando este precepto incluye ambos supuestos de forma alternativa, y aquí se presentan conjuntamente».

De igual forma y sobre la materia resultan interesantes las **sentencias del Tribunal Supremo n.º 607/2017, de 7 de septiembre, ECLI:ES:TS:2017:3243, y n.º 588/2009, de 2 de junio, ECLI:ES:TS:2009:3603**, que rezan respectivamente lo siguiente:

«En primer lugar señalar que evidentemente para aplicar la agravación tiene que darse la conducta tipificada en el artículo 368 CP lo que en el presente caso sucede como acabamos de señalar. En el desarrollo del motivo suscita la cuestión relativa a la aptitud de la embarcación utilizada para ser subsumible en el artículo 370.3 referido. Lo que sucede es que los recurrentes invocan el acuerdo del Pleno no Jurisdiccional de esta Sala de 25/11/2008 y la jurisprudencia que lo aplica, olvidando que posteriormente el segundo párrafo del n° 3º del artículo 370 CP fue modificado por la L.O. 5/2010, vigente al tiempo de los hechos, en el sentido que ahora interesa de abarcar como medio utilizado, además de las aeronaves, no solo los buques sino añadiendo las embarcaciones, lo cual evidentemente amplia el alcance de los medios marítimos susceptibles de ser reconducidos y subsumidos en el subtipo agravado. La jurisprudencia de esta Sala citada en el desarrollo del motivo es anterior a la reforma legal, incluso la STS 732/2012 que enjuicia unos hechos anteriores a la vigencia de la misma. También cuestiona que en el 'factum' no se hayan hecho constar las características o dimensiones de la embarcación utilizada. Con independencia de que está unida a la causa la hoja del Registro Marítimo Español que corresponde a la embarcación ' DIRECCION000 ' (folio 45), donde figuran sus características y dimensiones, lo cierto es que de los datos incluidos en el 'factum' se desprende la aptitud de la embarcación de pesca o recreo para la finalidad empleada, como es que navegase a una considerable distancia de la costa, 26 millas, su capacidad de carga o su dotación de aparatos náuticos reflejados también en la diligencia de inventario citada más arriba». **(STS n.º 607/2017, de 7 de septiembre).**

«Por lo que se refiere a la extrema gravedad, si bien es cierto que la jurisprudencia anterior a la reforma indicada tenía declarado que la extrema gravedad no era equivalente a la extrema cantidad, actualmente tal criterio ha sido revisado dada la nueva redacción que se comenta, y sin desconocer las oscilaciones de esta Sala al concretar qué debe entenderse por extrema gravedad, o dicho en los términos legales "....excediese notablemente de la considerada como de notoria importancia....", puede considerarse actualmente que por tal debe estimarse una cantidad mil veces superior a la indicada para la notoria importancia y que fue fijada en el Pleno no Jurisdiccional de Sala de 19 de Octubre de 2001.

En dicho Pleno se fijó como cantidad a partir de la cual operaría la agravación de notoria importancia, en relación al hachís, las aprehensiones superiores a dos kilos y medio.

Pues bien, hoy puede estimarse como doctrina consolidada lo que eleva a dos mil quinientos kilos --mil veces la cantidad de notoria importancia-- la cantidad a partir de la cual operaría la hiper-agravante del art. 370-3º Código Penal. No se ignora, se reitera, que en algunas sentencias de esta Sala se ha operado con la cantidad 500 veces superior al límite de la notoria importancia, y ese es el criterio al que se refiere la circular 2/2005 de la FGE, que como decimos se ha duplicado en la jurisprudencia más reciente de la Sala». **(STS n.º 588/2009, de 2 de junio).**

9.2. Agravación complementaria en razón del sujeto activo

El **artículo 372 del Código Penal** establece determinados supuestos de agravación de la conducta en virtud de la participación de concretos autores, positivizándose de la siguiente manera:

«Si los hechos previstos en este capítulo fueran realizados por empresario, intermediario en el sector financiero, facultativo, funcionario público, trabajador social, docente o educador, en el ejercicio de su cargo, profesión u oficio, se le impondrá, además de la pena correspondiente, la de inhabilitación especial para empleo o cargo público, profesión u oficio, industria o comercio, de tres a diez años. Se impondrá la pena de inhabilitación absoluta de diez a veinte años cuando los referidos hechos fueren realizados por autoridad o agente de la misma, en el ejercicio de su cargo.

A tal efecto, se entiende que son facultativos los médicos, psicólogos, las personas en posesión de título sanitario, los veterinarios, los farmacéuticos y sus dependientes».

Por lo tanto, se deduce que el mencionado precepto establece una agravación teniendo en cuenta la participación del sujeto activo, determinándose las características que son específicas y las cuales convierten lo expuesto en una agravación complementaria que tiene una naturaleza especial. Estas cualidades de carácter profesional requieren que quien cometa los delitos contra la salud pública que estamos estudiando, sean empresarios, intermediarios en el sector financiero, facultativos, funcionarios públicos, trabajadores sociales, docentes o educadores, en el ejercicio de su cargo, profesión u oficio, industria o comercio. Esta mayor dosis de antijuridicidad de la conducta se ve materializada en la propia condición de los profesionales citados, por lo tanto la pena establecida sería la de **inhabilitación especial**, que se transformaría en una **inhabilitación absoluta** en el supuesto en que el autor sea una autoridad o un agente de la misma en el ejercicio de su cargo.

> **JURISPRUDENCIA**
>
> **Sentencia del Tribunal Supremo n.º 358/2017, de 18 de mayo, ECLI:ES:TS:2017:1996**
>
> *«No especifica el C. Penal que concurriendo dos agravantes específicas la pena deba quedarse por encima de determinado umbral, pero convendremos que no es lo mismo que concurra un solo supuestos de agravación específica a que concurran dos o más. En tercer lugar el hecho se comete por las personas especialmente encargadas del control en el aeropuerto (Juan Ramón ya destinado en el mismo hacía tiempo y Victorio con destino ya concedido en el aeropuerto donde por cierto fueron ambos detenidos) y además se comete y se nos va a permitir la expresión, de manera ignominiosa vestido Juan Ramón con el propio uniforme del cuerpo de la Guardia Civil, utilizando un vehículo del cuerpo, uniforme que representa a una institución respetada y querida por los ciudadanos de este país y que tantos y tan sacrificados servicios ha prestado a la convivencia democrática. Entiende este Tribunal, en definitiva, que la condición de agentes de la Guardia Civil, el aprovechamiento de su concreto puesto de trabajo para el delito cometido, su destino como garantes de la entrada de la droga en España, justifica, a todas luces y sin mayores disquisiciones, la imposición de una pena próxima a la máxima legal. El mismo criterio ha de seguirse para la extensión de la multa, para la extensión de la pena de inhabilitación absoluta (artículo 372.1 del C. Penal) y para la extensión de la pena de pertenencia a grupo criminal».*

10.
LOS «PRECURSORES»

Para hablar de precursores de drogas debemos remitirnos a la **Ley Orgánica 12/1995, de 12 de diciembre, de Represión del Contrabando**, y más concretamente a su **artículo 1.15**, que establece la siguiente definición:

> «Precursores de drogas: las sustancias y productos susceptibles de ser utilizados en el cultivo, la producción o la fabricación de drogas tóxicas, estupefacientes o sustancias psicotrópicas enumeradas en los cuadros I y II de la Convención de Naciones Unidas, hecha en Viena el 20 de diciembre de 1988, sobre el tráfico ilícito de estupefacientes y sustancias psicotrópicas y cualesquiera otros productos adicionados al mismo Convenio, o en cualesquiera tratados o convenios internacionales sobre el mismo objeto suscritos por España».

En esta línea, la **sentencia del Tribunal Supremo n.º 940/2011, de 27 de septiembre, ECLI:ES:TS:2011:5856**, señala que «se considera "precursor" toda materia que sirve de manera específica y esencial para la fabricación de un producto químico determinado. Se incorpora a la molécula de droga (producto final) y entra a formar parte de la estructura molecular final de la sustancia. Los precursores son utilizados como reactivos, disolventes o catalizadores en los distintos procesos químicos necesarios para la elaboración de drogas tóxicas, estupefacientes o sustancias psicotrópicas».

Por su parte, el **artículo 371 del Código Penal**, en su **apartado 1** establece que:

> «El que fabrique, transporte, distribuya, comercie o tenga en su poder equipos, materiales o sustancias enumeradas en el cuadro I y cuadro II de la Convención de Naciones Unidas, hecha en Viena el 20 de diciembre de 1988, sobre el tráfico ilícito de estupefacientes y sustancias psicotrópicas, y cualesquiera otros productos adicionados al mismo Convenio o que se incluyan en otros futuros Convenios de la misma naturaleza, ratificados por España, a sabiendas de que van a utilizarse en el cultivo, la producción o la fabricación ilícitas de drogas tóxicas, estupefacientes o sustancias psicotrópicas, o para estos fines, será castigado con la pena de prisión de tres a seis años y multa del tanto al triplo del valor de los géneros o efectos».

En el **apartado segundo** del citado precepto se recoge el **subtipo agravado** aplicado a los sujetos activos de la conducta típica al señalar lo siguiente:

«Se impondrá la pena señalada en su mitad superior cuando las personas que realicen los hechos descritos en el apartado anterior pertenezcan a una organización dedicada a los fines en él señalados, y la pena superior en grado cuando se trate de los jefes, administradores o encargados de las referidas organizaciones o asociaciones. En tales casos, los jueces o tribunales impondrán, además de las penas correspondientes, la de inhabilitación especial del reo para el ejercicio de su profesión o industria por tiempo de tres a seis años, y las demás medidas previstas en el artículo 369.2»

CUESTIÓN

¿Cuáles son las sustancias enumeradas en los cuadros I y II de la Convención de las Naciones Unidas contra el tráfico ilícito de estupefacientes y sustancias sicotrópicas, hecha en Viena el 20 de diciembre de 1988?

Pues bien, dichas sustancias se recogen en el cuadro siguiente:

CONVENCIÓN DE NACIONES UNIDAS SOBRE EL TRÁFICO DE ESTUPEFACIENTES Y SUSTANCIAS PSICOTRÓPICAS (VIENA, 20 DE DICIEMBRE DE 1988)		
CUADRO I		CUADRO II
Ácido N-acetilantranílico	Ácido Lisérgico	Acetona
Anhídrico acético	Ácido fenilacético	Ácido antranílico
ALFA-fenilacetoacetonitrilo (APAAN)	Efredina	Ácido clorhídrico
Ergometrina	Ergotamina	Ácido sulfúrico
1-fenil-2-propanona	Isosafrol	Éter etílico
3,4-metilendioxifenil-2-propanona	Norefedrina	Metiletilcetona
Permanganato potásico	Piperonal	Piperidina
Safrol	Seudoefredina	Tolueno

Si se realiza un análisis dogmático de la figura del tráfico de precursores, se llega a la conclusión de que la misma es asimilada conceptualmente como un avance de la eficacia punitiva del Derecho Penal al combate del tráfico de drogas tóxicas, estupefacientes y sustancias psicotrópicas, estableciendo un límite *antecedente* o precursor sobre la protección del bien jurídico protegido, es decir, **la salud pública**. Esta esfera de operatividad del orden penal matiza aún más el carácter de peligrosidad de la conducta perseguida cuando se establecen nuevas cotas de lesividad de la mencionada salud pública.

En esta apreciación doctrinal viene a aflorar una problemática que suscita el artículo 371 del Código Penal que ahora analizamos, donde algunos jurisconsultos entienden que la figura del tráfico de precursores estaría más cerca de las figuras de los actos preparatorios o de cooperación, que de acciones de mero desvalor o de lesividad autónoma de las conductas de tráfico de drogas.

El seguimiento jurisdiccional que establece el **Tribunal Supremo en su sentencia n.º 477/2001, de 26 de marzo, ECLI:ES:TS:2001:2497,** viene a perfilar el alcance conceptual de este precepto, en el fundamento de derecho cuarto:

> «El legislador ha tipificado en este caso actos preparatorios, en relación con el cultivo y la fabricación de productos tóxicos o estupefacientes o sustancias psicotrópicas, porque ha querido concertar con la comunidad internacional los instrumentos jurídicos orientados a la represión de determinadas actividades definidas como singularmente amenazadoras y perjudiciales para el bienestar de los pueblos. El adelantamiento de la protección penal ha supuesto, en este caso, considerar como objeto del delito no sólo las drogas ya elaboradas sino los productos que se denominan sus "precursores"».

Concluyendo este análisis, se puede deducir que, para determinar la relevancia penal de esta figura normativa, se necesita la constatación de la premisa del elemento cognoscitivo tipificado en la propia conducta, tal es que el sujeto activo realice el hecho típico: «a sabiendas de que van a utilizarse en el cultivo, la producción o la fabricación ilícitas de drogas tóxicas, estupefacientes o sustancias psicotrópicas, o para estos fines», circunstancia esta que genera la necesidad de la apreciación de un elemento subjetivo del tipo, tal y como lo ha definido en reiterados estudios el autor MUÑOZ CONDE, requisito este que en la práctica jurídica genera innumerables y especiales problemas probatorios e interpretativos.

JURISPRUDENCIA

Sentencia del Tribunal Supremo n.º 534/2018, de 7 de noviembre, ECLI:ES:TS:2018:3807

«La jurisprudencia ha entendido que se trata de un tipo delictivo de mera actividad, toda vez que el elemento objetivo se realiza por el mero hecho de tener en su poder los equipos, materiales y sustancias referidas, en el que el dolo no solo cubre la acción típica, sino otras a las que sirve de antesala o propósito; a esto se refiere el precepto cuando exige para la integración del tipo que el poseedor actúe a 'sabiendas'. El adelantamiento de la protección penal ha supuesto considerar como objeto del delito no solo las drogas ya elaboradas sino los productos que se denominan sus 'precursores'. La respuesta penal se anticipa así al momento de la realización de los actos meramente preparatorios, adelantando las barreras de intervención penal; de modo que así como la posesión de drogas es punible cuando va acompañada del propósito de difundirlas, la posesión de los precursores solo lo es cuando se tiene conciencia de que van a ser ilícitamente utilizados en el cultivo, la producción o fabricación de drogas (STS n° 34/2013, de 18 de enero).

Por otro lado, la exigencia de que el objeto de la acción esté enumerado en los cuadros I y II del Convenio de Naciones Unidas de 1988, se refiere solamente a las sustancias, y no a los equipos y a los materiales. No solo por la construcción de la frase, en la que el plural femenino solo puede referirse a aquellas, sino porque en el referido Convenio no se enumeran equipos ni materiales, sino solamente unas determinadas sustancias.

En cualquier caso, las sustancias que constituyen el objeto del delito deben estar incluidas en los cuadros I y II de la citada Convención, quedando excluidas del tipo penal todas aquellas que no figuren en los mismos. El principio de legalidad penal impide considerar objeto del delito otras sustancias distintas a aquellas. Tampoco puede extenderse a otros compuestos químicos distintos, sustancias en definitiva, de los que aquellas, mencionadas en la Convención, formen parte. Pues, en realidad, constituyen sustancias diferentes, con composición molecular diversa. En este sentido, la Convención solo añade con carácter general a las sustancias expresamente mencionadas las sales de las mismas, cuando su existencia sea posible. Pero no cualquier otra sustancia no mencionada en los cuadros que contenga en su composición alguna de las que aparecen expresamente contempladas en ellos».

Sentencia del Tribunal Supremo n.º 34/2013, de 18 de enero, ECLI:ES:TS:2013:232

«(...) se dictaminó que ácido clorhídrico, el éter etílico, el tolueno, la nteiletilcetona [Metiletilcetona], el benceno, el ácido amino-P benzoico BP 98 y el éter dietílico anestésico son precursores comprendidos en el cuadro II de la Convención de Viena de 1988, y el resto son susceptibles de ser utilizados en la síntesis de diferentes sustancias ilícitas y como principios activos, excipientes y diluentes para la elaboración de drogas de diseño.

Y en lo que respecta al elemento subjetivo del tipo penal, ya se argumentó en el fundamento precedente que concurrían indicios claros de que eran sabedores de que la distribución de los precursores tenía como destino final la confección de drogas prohibidas por el art. 368 del texto punitivo. Así lo constatan las medidas de reserva y precaución que adoptaban para transportar los precursores; el contacto con personas vinculadas al tráfico de sustancias estupefacientes; el afloramiento de los beneficios económicos que obtenían con la distribución clandestina; y la inexistencia de datos objetivos que justifiquen la compra de importantes cantidades de sustancias calificadas como precursores y otras destinadas al corte y elaboración de drogas prohibidas, habida cuenta que no aparecen indicios de que la mercancía adquirida fuera dedicada a actividad comercial o industrial de carácter lícito.

Ha de quedar pues excluida la calificación jurídica de conspiración que postula la defensa, dado que la anticipación de la consumación delictiva que se prevé en el art. 371.1 del C. Penal dificulta sobremanera la posibilidad de aplicación de los actos meramente preparatorios, al penar el propio precepto la mera tenencia de precursores sin necesidad de que se lleguen siquiera a distribuir, y mucho menos todavía se exige la elaboración de la sustancia estupefaciente. Ambos aspectos objetivos no son exigidos por el tipo penal, circunstancia que imposibilita que prospere la tesis que postula la defensa, visto el margen estrechísimo que deja abierto el legislador para que opere la tipificación de la conspiración delictiva».

11.
CONCURSOS

11.1. En general

El **concurso de delitos** es definido por el Diccionario de español jurídico como una «situación que se produce cuando un mismo sujeto comete dos o más infracciones penales, bien simultáneamente, bien en un cierto espacio temporal».

Dentro del concepto de concurso de delitos, diferenciamos tres alternativas: **concurso ideal, concurso real y concurso medial**.

En primer lugar, la teoría general del derecho penal define el concurso de delitos como aquella circunstancia donde **un mismo hecho es constitutivo de dos o más delitos,** lo que la doctrina lo conceptúa como **concurso ideal**. Sobre esta línea, la **sentencia del Tribunal Supremo n.° 544/2016, de 21 de junio, ECLI:ES:TS:2016:3044,** señala que «en el concurso ideal de delitos, el hecho lesiona distintos bienes jurídicos, cada uno de los cuales es tutelado por una norma penal concurrente, de suerte que aquel hecho naturalmente único es valorativamente múltiple, pues su antijuricidad es plural y diversa, y para sancionar esa multiplicidad de lesiones jurídicas es necesario aplicar cada una de las normas que tutelan cada bien jurídico lesionado».

A su vez, el Diccionario de español jurídico lo define como la «situación que se produce cuando un solo hecho realizado por un mismo sujeto constituye dos o más delitos».

En segundo lugar, cuando **varios hechos** cometidos por una **misma persona** constituyen varios delitos siempre que **ninguno haya tenido lugar tras la existencia de condena** por alguno de ellos, se le denomina **concurso real**. El DEJ RAE ofrece la siguiente definición: «Situación que se produce cuando un mismo sujeto lleva a cabo en un cierto espacio de tiempo dos o más hechos que constituyen dos o más delitos».

En último lugar, podemos definir el **concurso medial** como aquella «situación que se produce cuando un delito es un medio necesario para cometer otro por el mismo sujeto». (DEJ RAE).

Es interesante mencionar la **sentencia del Tribunal Supremo n.º 520/2017, de 6 de julio, ECLI:ES:TS:2017:2751**, en la que el Alto Tribunal considera que el **concurso medial** es una **variante** del **concurso real**:

> «Concurso medial, también conocido como teleológico o instrumental; que es una modalidad del concurso real (pluralidad de acciones en correspondencia con una pluralidad de delitos) sancionado como si se tratase de un concurso ideal (unidad de acción con pluralidad de delitos) (SSTS. 1632/2002 de 9.10, 123/2003 de 3.2, 590/2004 de 6.5, 919/2004 de 12.7).
>
> Es decir se trata de un concurso real en el que la pena única total del hecho excepcionalmente no se rige por el principio general de la acumulación, con los límites previstos en el art. 76, sino por la regla especifica que establece el art. 77.1. La justificación político criminal de este sistema es altamente dudosa, dado que no se explica por qué razón cometer un delito para favorecer la comisión de otro debe ser menos punible que cometer más de un delito sin conectarlos medialmente entre ellos, supuesto en el que es aplicable el art. 73 CP . Por ello el fundamento de tal asimilación punitiva de que un caso de concurso real a las normas del concurso ideal, con la posible atenuación que ello supone, puede encontrarse en la existencia de una unidad de pensamiento y de voluntad que el legislador español asimila al caso de unidad de acción'».

La Sala 2.ª del Tribunal Supremo se ha pronunciado de forma reiterada, que hay concurso de delitos, cuando para abarcar la total antijuridicidad de un comportamiento delictivo concreto, es necesaria la aplicación de los diferentes preceptos penales. En otro caso nos encontraríamos ante un concurso de normas tal y como han determinado, entre otras las siguientes resoluciones: **STS n.º 468/2006 de 27 de abril, n.º 1518/2005 de 19 de diciembre, n.º 1521/2004 de 14 de diciembre, n.º 1509/2004, de 14 de diciembre, y n.º 875/2004 de 29 de junio.**

JURISPRUDENCIA

Sentencia del Tribunal Supremo n.º 29/2020, de 4 de febrero, ECLI:ES:2020:204

«...debe destacarse también que la Jurisprudencia de esta Sala es reiterada en expresar que la unidad de hecho o de comportamiento, no siempre es el reflejo de una individualidad natural, esto es, de una única actuación u omisión que afecta a la realidad exterior, sino que puede apreciarse en aquellos otros supuestos en los que varios hechos lesionan del mismo modo el bien jurídico tutelado por las distintas normas concurrentes, en lo que se conoce como unidad jurídica de acción (SSTS 1323/09, de 30 de diciembre o 379/2011, de 19 de mayo, entre muchas otras). Y hemos dicho además que el concurso aparente de normas tiene lugar cuando una única acción con relevancia penal -real o material- aparece tipificada

aparentemente en varios preceptos del Código, si bien uno de ellos es capaz de recoger toda la antijuricidad del comportamiento, de manera que la aplicación de todas las normas con previsión sancionadora supondría quebrantar el tradicional principio del ' non bis in ídem'. Un concurso de normas que difiere del concurso ideal de delitos en que, este, partiendo también de una unidad de hecho, acontece cuando no se excluyen entre sí los distintos preceptos punitivos que lo contemplan (SSTS 1182/2006, de 29 de noviembre o, la ya citada 1323/09, de 30 de diciembre); y del concurso real de delitos, que concurre cuando existe una pluralidad de hechos y cada uno de ellos está tutelado por un precepto penal diferente, pero con una significación antijurídica no coincidente, de modo que para responder al diverso contenido del injusto de los hechos, deben ser aplicadas las diversas normas que resultan de referencia.

En definitiva, y siguiendo nuestra sentencia 379/2011, de 19 de mayo, 'cuando los hechos delictivos encajan en dos disposiciones penales y no es necesario aplicar las dos para abarcar la total antijuricidad del suceso, nos hallamos ante un concurso de normas a resolver por lo regulado en el art. 8 del Código Penal', y, concretamente en este caso, por su regla 3.ª, que recoge el criterio de la absorción, a aplicar cuando el precepto penal más amplio consume a otro más simple. En todo caso, y como decíamos en esa misma sentencia: 'la consunción de una norma sólo puede admitirse cuando 'ninguna parte injusta del hecho' queda sin respuesta penal, debiendo acudirse en otro caso al concurso de delitos».

Dentro del enfoque de este estudio de los delitos de drogas tóxicas estupefacientes y sustancias psicotrópicas y a efectos que atienden exclusivamente a la profusión casuística de esta circunstancia concursal, nos centraremos en el análisis del denominado concurso real, que como ya se ha examinado, concurre cuando varios hechos cometidos por la misma persona son constitutivos de varios delitos.

La regulación normativa del mismo se recoge en el artículo 73 del Código Penal, según el cual «al responsable de dos o más delitos se le impondrá todas las penas correspondientes a las diversas infracciones para su cumplimiento simultáneo, si fuera posible, por la naturaleza y efectos de las mismas».

Ahora bien, el artículo 74 del CP, por su parte, establece lo siguiente:

«No obstante lo dispuesto en el artículo anterior, el que, en ejecución de un plan preconcebido o aprovechando idéntica ocasión, realice una pluralidad de acciones u omisiones que ofendan a uno o varios sujetos e infrinjan el mismo precepto penal o preceptos de igual o semejante naturaleza, será castigado como autor de un delito o falta continuados con la pena señalada para la infracción más grave, que se impondrá en su mitad superior, pudiendo llegar hasta la mitad inferior de la pena superior en grado.

2. Si se tratare de infracciones contra el patrimonio, se impondrá la pena teniendo en cuenta el perjuicio total causado. En estas infracciones el Juez o Tribunal impondrá, motivadamente, la pena superior en uno o dos grados, en la extensión que estime conveniente, si el hecho revistiere notoria gravedad y hubiere perjudicado a una generalidad de personas.

3. Quedan exceptuadas de lo establecido en los apartados anteriores las ofensas a bienes eminentemente personales, salvo las constitutivas de infracciones contra el honor y la libertad e indemnidad sexuales que afecten al mismo sujeto pasivo. En estos casos, se atenderá a la naturaleza del hecho y del precepto infringido para aplicar o no la continuidad delictiva».

Como se ha expuesto en líneas anteriores, sobre el cumplimiento de las penas, se procederá a la realización simultánea de las mismas, si fuese posible, por su naturaleza y efectos. En caso de que no fuese posible, se ejecutará cada una de ellas por el orden de su respectiva gravedad. El artículo 75 del Código Penal preceptúa que: «Cuando todas o algunas de las penas correspondientes a las diversas infracciones no puedan ser cumplidas simultáneamente por el condenado, se seguirá el orden de su respectiva gravedad para su cumplimiento sucesivo, en cuanto sea posible».

El límite normativo del cumplimiento de las penas del artículo 75 del Código Penal lo establece el principio de acumulación jurídica se recoge en el artículo 76 del mismo cuerpo legal, que tras la reforma operada por la LO 1/2015 quedaría establecido por el siguiente tenor literal:

«1. No obstante lo dispuesto en el artículo anterior, el máximo de cumplimiento efectivo de la condena del culpable **no podrá exceder del triple del tiempo por el que se le imponga la más grave de las penas en que haya incurrido**, declarando extinguidas las que procedan desde que las ya impuestas cubran dicho máximo, que **no podrá exceder de 20 años**. Excepcionalmente, este límite máximo será:

a) De 25 años, cuando el sujeto haya sido condenado por dos o más delitos y alguno de ellos esté castigado por la ley con pena de prisión de hasta 20 años.

b) De 30 años, cuando el sujeto haya sido condenado por dos o más delitos y alguno de ellos esté castigado por la ley con pena de prisión superior a 20 años.

c) De 40 años, cuando el sujeto haya sido condenado por dos o más delitos y, al menos, dos de ellos estén castigados por la ley con pena de prisión superior a 20 años.

d) De 40 años, cuando el sujeto haya sido condenado por dos o más delitos referentes a organizaciones y grupos terroristas y delitos de terrorismo de la sección segunda del Capítulo VII del Título XXII del Libro II de este Código y alguno de ellos esté castigado por la ley con pena de prisión superior a 20 años.

e) Cuando el sujeto haya sido condenado por dos o más delitos y, al menos, uno de ellos esté castigado por la ley con pena de prisión permanente revisable, se estará a lo dispuesto en los artículos 92 y 78 bis.

2. La limitación se aplicará aunque las penas se hayan impuesto en distintos procesos cuando lo hayan sido por hechos cometidos antes de la fecha en que fueron enjuiciados los que, siendo objeto de acumulación, lo hubieran sido en primer lugar».

ARTÍCULO 76
CÓDIGO PENAL

El máximo de cumplimiento efectivo de la condena del culpable **no podrá exceder del triple del tiempo** por el que se le imponga la más grave de las penas en que haya incurrido, declarando extinguidas las que procedan desde que las ya impuestas cubran dicho máximo, que **no podrá exceder de 20 años**

EXCEPCIONES DEL LÍMITE MÁXIMO

De **25 años** cuando el sujeto haya sido condenado por dos o más delitos y alguno de ellos esté castigado por la ley con pena de prisión de **hasta 20 años.**

De **30 años** cuando el sujeto haya sido condenado por dos o más delitos y alguno de ellos esté castigado por la ley con pena de prisión **superior a 20 años.**

De **40 años** cuando el sujeto haya sido condenado por dos o más delitos y, **al menos dos** de ellos, estén castigados por la ley con pena de prisión **superior a 20 años.**

De **40 años** cuando el sujeto haya sido condenado por dos o más delitos referentes a organizaciones y grupos terroristas y delitos de terrorismo de la sección segunda del capítulo VII del título XXII del libro II del Código Penal y alguno de ellos esté castigado por ley con pena de prisión **superior a 20 años.**

Cuando el sujeto haya sido condenado por dos o más delitos y, al menos, uno de ellos esté castigado por la ley con pena de **prisión permanente revisable** se estará a lo dispuesto en los arts. 92 y 78 bis del CP.

En última instancia, es interesante mencionar el artículo 77 del Código Penal, que dispone que lo establecido en los artículos anteriores que se han citado no es aplicable para aquellos casos en los que un solo hecho constituya dos o más delitos, o cuando uno de ellos sea un medio necesario para cometer el otro delito.

Así pues, para el primer supuesto, será de aplicación en su **mitad superior** la pena prevista para la **infracción más grave**, no pudiendo exceder de la que represente la suma de las que correspondería aplicar en caso de que se penaran separadamente las infracciones. Cuando la pena computada de esa forma exceda de ese límite, se sancionarán las infracciones por **separado**.

Para el segundo de los supuestos, se impondrá una pena superior a la que habría correspondido, para el caso concreto, por la **infracción más grave**. La misma no podrá exceder de la suma de las penas concretas que hubieran sido impuestas de manera separada por cada uno de los delitos. Dentro de estos límites, el juez o tribunal individualizará la pena conforme a los criterios que establece el artículo 66 del Código Penal.

A TENER EN CUENTA. En todo caso, la pena impuesta no podrá exceder del límite de duración que prevé el artículo 76 del CP.

JURISPRUDENCIA

Sentencia del Tribunal Supremo n.º 57/2019, de 5 de febrero, ECLI:ES:TS:2019:328

«También del propio art. 77 del Código Penal resulta que la norma penológica que prevé se refiere a la concurrencia de delitos penados con distinta pena, lo que parece excluir los supuestos de concurrencia de delitos homogéneos. Un último argumento, también empleado para fundamentar esta dirección jurisprudencial, se refiere a la distinta intensidad, energía criminal, preparación del resultado, de la conducta dirigida a la causación de un único resultado de la que persigue una pluralidad de resultados, queridos o previstos y asumidos. Esa distinta conducta merece una distinta consecuencia, pues el autor que acepta varios resultados incorpora mayor intensidad en su acción, mayor carga de energía criminal, para conseguir la pluralidad de resultados que pretende, o se representa y asume.

La cuestión -añade la resolución-, no obstante, no es pacífica. Conocidas son las divergencias que gran parte de la doctrina penal mantiene frente a esta posición de la jurisprudencia. Incluso nuestra jurisprudencia se ha hecho eco de la dificultad de la cuestión. En algunos pronunciamientos se ha mantenido que la concurrencia de delitos homogéneos, derivados de una única acción, ha de ser regulada por la norma del concurso ideal. Así la STS de 23 de abril de 1992, (sentencia de la colza), afirma 'partiendo del carácter personal de lo ilícito es evidente que la pena se dirige contra la acción y, consecuentemente, no se justifica en modo alguno que en los delitos dolosos se considere que la unidad o pluralidad de hechos dependa de los resultados producidos pues el delito es acción, es decir, una modificación en el mundo exterior reconducible a un querer humano. Es indudable que si sólo las acciones puedan infringir una norma, de infracciones de la norma dependerá el número de acciones... '. En un sentido similar, la STS 357/2002, de 4 de marzo . En esta construcción el resultado, realizado o previsto, apenas tiene relevancia en la conformación de la pena.

En otros pronunciamientos jurisprudenciales se ha argumentado sobre una distinta solución en el régimen en concurrencia, real o ideal, apoyada en la distinta modalidad del tipo subjetivo doloso, dependiendo si es directo o eventual. Así, la STS 861/97, de 11 de junio indica 'si el sujeto pretende alcanzar con su acción la titularidad de los resultados producidos (dolo directo) y dichos resultados constituyen la lesión de otros bienes jurídicos protegidos, habría que concluir que estamos en presencia de varios 'hechos' punibles en concurso real. Cuando la voluntad del sujeto afecta directa y fundamentalmente a la acción, mas no al resultado previsto pero no directamente perseguido (dolo eventual), estaremos en presencia de un verdadero concurso ideal. En tal caso, existiría unidad de acción y diversidad de resultados penalmente típicos que deberán castigarse conforme a las reglas de dicho concurso'. En un sentido idéntico, la STS 187/1998, de 11 de febrero .

En este contexto de dispersión jurisprudencial -dice la sentencia que nos sirve de referencia-, la función atribuida a un tribunal de casación, básicamente la de propiciar la unificación interpretativa en aras a asegurar los principios de seguridad jurídica y de igualdad ante la ley, llevó a la Sala encargada de la decisión a instar del Pleno de la Sala II un pronunciamiento de unificación. Por lo que el día 20 de enero de 2015, el Pleno no jurisdiccional de la Sala adoptó el siguiente acuerdo: 'Los ataques contra la vida de varias personas, ejecutados con dolo directo o eventual, se haya producido o no el resultado, siempre que se realicen a partir de una única acción, han de ser tratados a efectos de penalidad conforme a las reglas previstas para el concurso real (art. 73 Cp y 76 Cp), salvo la existencia de regla penológica especial (v.gr. art. 382 del Cp)».

11.2. Con el delito de blanqueo de capitales

A modo de introducción, es necesario traer a colación el **artículo 74 del Código Penal,** que establece que se castigará como autor de un delito o falta continuados con la correspondiente pena que se señale para la infracción más grave, a imponer en su **mitad superior,** pudiendo llegar hasta la mitad inferior de la pena superior en grado, aquel sujeto que, en ejecución de un plan preconcebido o aprovechando una ocasión idéntica, realice una pluralidad de acciones u omisiones que ofendan a uno o varios sujetos y supongan una infracción del mismo precepto penal o preceptos que tengan una naturaleza igual o semejante.

Así pues, a tenor del estudio de este precepto, se puede colegir que la estructura de, en este caso, el delito de tráfico de drogas genera una pluralidad de conductas propiciadas por quien ejecuta la conducta típica, aunque esa pluralidad de actos han de ser considerados como un único delito, aunque esté integrado por varias acciones.

En esta línea, el **Tribunal Supremo en la sentencia n.º 88/2012, de 8 de noviembre de 2012, ECLI:ES:TS:2012:8293,** ha señalado que:

> «La Sala ha intentado acentuar la sustantividad típica del delito de blanqueo de capitales respecto de la infracción antecedente, en la búsqueda de una solución jurídica que evite la crítica frente al aparente desbordamiento de la medida de la culpabilidad que se generaría con la doble incriminación. Así, por ejemplo, la jurisprudencia ha destacado la generación de enormes beneficios económicos que necesitan ser introducidos en el circuito económico, comercial y financiero hasta darles apariencia de licitud y, además, como consecuencia de la apertura internacional del os mercados financieros, estos delitos extienden sus efectos en un ámbito que va más allá del espacio territorial de un país (cfr. SSTS 1501/2003, 19 de diciembre y 202/2006, 2 de marzo). Y un principio fundamental del sistema económico radica en la transparencia y fiabilidad de las transacciones de todo orden que se realizan en el mundo del comercio y de las finanzas. Esta exigencia se deriva de la necesidad de evaluar estadísticamente el volumen y los índices económicos de un país y de garantizar el deber constitucional de contribuir a las cargas públicas, mediante el pago de los tributos que generan la transacciones comerciales y financieras (STS 1505/2005, 25 de febrero)».

Por ello se deduce que el delito de tráfico de drogas podría considerarse como un reactivo fáctico que suscita el delito de blanqueo de capitales. Así, estaría dejándose en evidencia que la rentabilidad de los negocios lícitos una llamada para los delincuentes potenciales, no pudiendo disuadirla ni siquiera el decomiso del rendimiento obtenido, especialmente en situaciones en las que las cifras de las ganancias ilícitas alcanzan cotas desorbitadas.

Sigue el Alto Tribunal considerando en la citada sentencia el delito de blanqueo de capitales como «un delito autónomo, que tipifica y describe unas conductas concretas distintas a las que integran el delito antecedente, del que traen causa los bienes receptados (STS 1501/2003, 19 de diciembre). En consecuencia, el blanqueo efectuado por el acusado, procedente de operaciones de tráfico de drogas anteriores en el tiempo no es obstáculo para la punición del delito de blanqueo». Concluye esta reflexión del siguiente modo:

> «Se está ante dos delitos, unidos en **concurso real**, de conformidad con el acuerdo de Pleno no jurisdiccional de 18 de julio de 2006 (STS 1260/2006, 1 de diciembre), pues si se produce la coincidencia de autores en actividades de generación y blanqueo nos encontraremos ante un evidente concurso real y no ante una modalidad de absorción ya que las conductas adquieren relevancia penal y criminológica autónoma y permiten su aplicación conjunta como suma de actividades delictivas de distinto carácter y con bienes jurídicos de distinta naturaleza afectados. Por tanto no existe duplicidad sancionadora y la decisión adoptada respecto de la participación e incriminación doble de los delitos contra la salud pública y blanqueo de dinero está ajustada a la más estricta legalidad (STS 1597/2005, de 21 de diciembre).
>
> No ha existido doble incriminación, ni ésta, por supuesto, se deriva de que el tráfico de drogas y el de blanqueo de capitales compartan el comiso como pena a imponer. No es esta conciencia —plenamente entendible en el plano de la política criminal— la que ha de ser ponderada a la hora de afirmar o descartar la vulneración del bis in ídem».

Es necesario entonces, a tenor de lo analizado en los párrafos precedentes, distinguir aquellas situaciones en las cuales los efectos obtenidos son consecuencia del delito y cuáles no lo son, puesto que, en base a la aplicación del concurso real de delitos, podría inferirse una doble punición o castigo que ineludiblemente nos adentraría en la teoría general del «non bis in ídem», toda vez que sigue vigente en nuestra legislación penal y con mayor impulso normativo, la figura del decomiso del artículo 127 del Código Penal.

El citado precepto establece lo siguiente:

> «1. Toda pena que se imponga por un delito doloso llevará consigo la pérdida de los efectos que de él provengan y de los bienes, medios o instrumentos con que se haya preparado o ejecutado, así como de las ganancias provenientes del delito, cualesquiera que sean las transformaciones que hubieren podido experimentar.
>
> 2. En los casos en que la ley prevea la imposición de una pena privativa de libertad superior a un año por la comisión de un delito imprudente, el juez o tribunal podrá acordar la pérdida de los efectos que provengan del mismo y de los bienes, medios o instrumentos con que se haya preparado o ejecutado, así como de las ganancias provenientes del delito, cualesquiera que sean las transformaciones que hubieran podido experimentar.
>
> 3. Si por cualquier circunstancia no fuera posible el decomiso de los bienes señalados en los apartados anteriores de este artículo, se acordará el decomiso de otros bienes por una cantidad que corresponda al valor económico de los mismos, y al de las ganancias que se hubieran obtenido de ellos. De igual modo se procederá cuando se acuerde el decomiso de bienes, efectos o ganancias determinados, pero su valor sea inferior al que tenían en el momento de su adquisición».

JURISPRUDENCIA

Sentencia del Tribunal Supremo n.º 362/2017, de 19 de mayo, ECLI:ES:TS:2017:2019

«El artículo 301.1 del Código Penal fue modificado por la LO 5/2010 introduciendo en la descripción de la acción típica el supuesto en el que la procedencia de los bienes objeto del delito estuviera en una actividad delictiva cometida por el mismo autor del blanqueo. La modificación recogía el contenido de pronunciamientos jurisprudenciales que se producían con reiteración desde el acuerdo no jurisdiccional de 18 de julio de 2006, según el cual, el artículo 301 no excluye en todo caso el concurso real con el delito antecedente, de forma que era posible condenar al autor del delito contra la salud pública, también por delito de blanqueo, cuando en el tratamiento dispensado a las ganancias procedentes del delito cumpliera con las exigencias típicas del artículo 301. La doctrina fue aplicada en numerosas sentencias por hechos anteriores a la reforma de 2010, como en la STS nº 245/2014, de 24 de marzo, en la que se afirma que el blanqueo efectuado por el acusado, procedente de operaciones de tráfico de drogas anteriores no es obstáculo para la punición del delito de blanqueo. Se está ante dos delitos, unidos en concurso real y no ante una modalidad de absorción, de conformidad con el Acuerdo del Pleno no jurisdiccional de 18 de julio de 2006 (STS 260/2006, de 1 de diciembre) pues si se produce la coincidencia de autores en actividades de generación y blanqueo nos encontramos ante un evidente concurso real y no ante una modalidad de absorción ya que las conductas adquieren relevancia penal y criminológica autónoma y permiten su aplicación conjunta como suma de actividades delictivas de distinto carácter y con bienes jurídicos de distinta naturaleza afectados».

Sentencia del Tribunal Supremo n.º 265/2015, de 29 de abril, ECLI:ES:TS:2015:1925

«La mayor autonomía del blanqueo de capitales frente al delito previo, respecto de la receptación y el encubrimiento, resulta de toda ausencia limitativa de la pena del blanqueo a la del delito previo, como se establece para el encubrimiento y la receptación en los arts. 452 y 298.3 CP.

Desde el punto de vista valorativo: a) la característica principal del blanqueo no reside en el mero disfrute o aprovechamiento de las ganancias ilícitas, sino que se sanciona el 'retorno', como procedimiento para que la riqueza de procedencia delictiva sea introducida en el ciclo económico. Por ello el precepto que sanciona el tráfico de drogas no puede comprender íntegramente el desvalor de las actividades posteriores de blanqueo; b) el blanqueo de las ganancias procedentes de una actividad delictiva por su propio autor, debe sancionarse autónomamente en atención a la especial protección que requiere el bien jurídico que conculca, distinto del que tutela el delito al que subsigue; c) por razones de política criminal, al constituir la condena del blanqueo un instrumento idóneo para combatir la criminalidad organizada, que directa o indirectamente se apoya en la generación de riqueza ilícita y en su retorno encubierto al circuito legal de capitales.

(...)

Desde el punto de vista valorativo hay que tomar en consideración:

a) que la característica principal del blanqueo no reside en el mero disfrute o aprovechamiento de las ganancias ilícitas, ni siquiera en darles 'salida', para posibilitar de modo indirecto ese disfrute, sino que se sanciona en consideración al 'retorno', en cuanto eslabón necesario para que la riqueza así generada pueda ser introducida en el ciclo económico. De modo que el precepto que sanciona el tráfico de drogas no puede comprender íntegramente el desvalor de las actividades posteriores de blanqueo.

> b) El Legislador ha decidido expresamente que el blanqueo de las ganancias procedentes de una actividad delictiva por su propio autor, aun cuando puede también considerarse un acto de aprovechamiento o aseguramiento de las ganancias derivadas del delito antecedente ya condenado, o de autoprotección de su autor, debe sin embargo sancionarse autónomamente en atención a la especial protección que requiere el bien jurídico que conculca, que tutela el orden socioeconómico, y dado su carácter pluriofensivo también protege intereses de la Administración de Justicia, siendo distinto del que tutela el delito al que subsigue».

Así pues, a tenor de lo dispuesto por el Alto Tribunal a lo largo de su jurisprudencia, con miras a apreciar si existe o no concurso de delitos en el marco del tráfico de drogas con el blanqueo de capitales. Habrá de constatarse blanqueo de capitales cuando se produzca una **ocultación del origen ilícito de las ganancias** obtenidas por el delito previo de tráfico de drogas, pero no cuando se trate del mero disfrute o aprovechamiento de la ganancia ilícitamente obtenida. Así, la anteriormente citada **sentencia del Tribunal Supremo n.º 265/2015, de 29 de abril,** señala que «el Código Penal sanciona como blanqueo de capitales aquellas conductas que tienden a incorporar al tráfico legal los bienes, dinero y ganancias obtenidas en la realización de actividades delictivas, de manera que superado el proceso de lavado de los activos, se pueda disfrutar jurídicamente de ellos sin ser sancionado».

Ahondando en el marco jurisprudencial que vendría a clarificar esta **problemática de la teoría concursal en el marco de los delitos del tráfico de drogas y sus variantes**, es necesario el análisis de la **sentencia del Tribunal Supremo n.º 286/2015 de 19 de mayo, ECLI:ES:TS:2015:2084**, la cual establece que:

> «El argumento que se emplea para la doble punición y para el concurso real es equívoco pues la argumentación transcrita hace referencia a la actuación sobre un patrimonio generado ilícitamente por operaciones de tráfico 'anteriores', lo que permite diferenciar distintas situaciones: de una parte la de un patrimonio obtenido desde una actividad delictiva previa a la que es objeto de la concreta operación de tráfico que ha supuesto la intervención policial. En estos supuestos no estamos ante una estricta situación de autoblanqueo pues los bienes sobre los que se actúa la forma típica no proceden del tráfico de drogas que motiva la instrucción y enjuiciamiento penal, sino de operaciones anteriores, es decir, un patrimonio desconectado de la concreta operación de tráfico que motiva la investigación. Cuando el patrimonio se ha generado a través de una conducta de tráfico de drogas permanente en el tiempo, este patrimonio de origen ilícito aparece desconectado de una concreta operación de tráfico que ha sido objeto de investigación, pues esa operación interrumpida por la acción policial no ha generado un patrimonio. En estos supuestos, la doble punición es procedente, pues el tráfico de drogas objeto de la condena es ajeno al patrimonio de origen ilícito que tiene su referencia en otras operaciones de tráfico.
>
> (…)
>
> Los actos posteriores al hecho delictivo que tienen por objeto asegurar o realizar el beneficio obtenido de un concreto hecho delictivo antecedente que son actos penados en el tipo penal objeto del inicial reproche y no

procede ser objeto de su punición en otra figura delictiva, en la medida en que están ya penados y absorbidos por el delito del que traen causa»

JURISPRUDENCIA

Sentencia del Tribunal Supremo n.º 30/2019, de 29 de enero, ECLI:ES:TS:2019:225

«La reforma del C. Penal por LO 5/2010, de 22 de junio ha venido a confirmar la línea jurisprudencial que aplicaba el concurso real de delitos de tráfico de drogas y de blanqueo de capitales, toda vez que ha establecido en el art. 301.1 del C. Penal que la actividad ilícita de donde proceden los bienes aflorados puede haber sido cometida por el propio autor del blanqueo o por un tercero.

En la reciente jurisprudencia de casación se han establecido algunas pautas en las que, incidiendo en la interpretación gramatical de la compleja dicción del art. 301.1 del C. Penal, se ha procurado obtener una aplicación de la norma que limite los posibles excesos en la punición del autoblanqueo, evitando que se extraigan interpretaciones descontextualizadas que vulneren el principio non bis in ídem (SSTS 1080/2010, de 20-10; 858/2013, de 19-11; 809/2014, de 26-11; 265/2015, de 29-4; y 408/2015, de 8-7).

La doctrina jurisprudencial que se ha ido estableciendo en esas sentencias se sintetiza en la última citada, la 408/2015, si bien procuraremos ir señalando a continuación cuáles son los párrafos de aquellas sentencias que permiten concretar los parámetros interpretativos más determinantes a la hora de aplicar una figura tan compleja y cuestionada como la del autoblanqueo.

La punición autónoma del autoblanqueo, respecto del delito antecedente se justifica, siguiendo las ideas esenciales destacadas en la STS 809/2014 de 26 de noviembre, porque desde el punto de vista legal:

a) Mientras en la receptación y en el encubrimiento el Legislador excluye explícitamente a los partícipes del delito previo, esta exclusión no se ha incorporado nunca a la descripción del tipo del blanqueo. Por el contrario, desde la reforma de 2010 se sanciona expresamente el blanqueo cometido por el autor del delito previo.

b) Pese a la proximidad del blanqueo con la receptación, la mayor gravedad del blanqueo para el Legislador es obvia dada la entidad de las penas que respectivamente los castigan.

c) La mayor autonomía del blanqueo de capitales frente al delito previo, respecto de la receptación y el encubrimiento, resulta de toda ausencia limitativa de la pena del blanqueo derivada de la medida de la pena del delito previo, limitación que sí se establece para los delitos de encubrimiento y receptación en los arts. 452 y 298.3 CP».

Sentencia del Tribunal Supremo n.º 642/2018, de 13 de diciembre, ECLI:ES:TS:2018:4199

«(...) en las actividades típicas donde el autoblanqueo puede conllevar un doble desvalor, la aplicación del criterio del concurso real debe de hacerse desde criterios que no comporten un resultado acumulativo que refleje una punición desmedida, admitiendo una restricción teleológica que conduce a considerar atípicos los comportamientos que se proyecten sobre objetos materiales de cuantía irrelevante, en virtud de un principio de insignificancia evaluado desde el desvalor del resultado, en aquellos supuestos en los que se aprecia una nula incidencia de la acción en el orden socioeconómico».

En lo que concierne a la cuestión previa procesal del tratamiento práctico de las situaciones concursales, ha de hacerse alusión a que el delito de blanqueo de capitales es un delito conexo con el delito previo, exclusivamente a efectos procesalistas, que se debe resolver según lo dispuesto en el artículo 17 de la Ley de Enjuiciamiento Criminal con la finalidad de que se enjuicie en un mismo procedimiento.

> «1. Cada delito dará lugar a la formación de una única causa.
>
> No obstante, los delitos conexos serán investigados y enjuiciados en la misma causa cuando la investigación y la prueba en conjunto de los hechos resulten convenientes para su esclarecimiento y para la determinación de las responsabilidades procedentes salvo que suponga excesiva complejidad o dilación para el proceso.
>
> 2. A los efectos de la atribución de jurisdicción y de la distribución de la competencia se consideran delitos conexos:
>
> 1.º Los cometidos por dos o más personas reunidas.
>
> 2.º Los cometidos por dos o más personas en distintos lugares o tiempos si hubiera precedido concierto para ello.
>
> 3.º Los cometidos como medio para perpetrar otros o facilitar su ejecución.
>
> 4.º Los cometidos para procurar la impunidad de otros delitos.
>
> 5.º Los delitos de favorecimiento real y personal y el blanqueo de capitales respecto al delito antecedente.
>
> 6.º Los cometidos por diversas personas cuando se ocasionen lesiones o daños recíprocos.
>
> 3. Los delitos que no sean conexos pero hayan sido cometidos por la misma persona y tengan analogía o relación entre sí, cuando sean de la competencia del mismo órgano judicial, podrán ser enjuiciados en la misma causa, a instancia del Ministerio Fiscal, si la investigación y la prueba en conjunto de los hechos resultan convenientes para su esclarecimiento y para la determinación de las responsabilidades procedentes, salvo que suponga excesiva complejidad o dilación para el proceso».

En esta línea, la reciente **sentencia del Tribunal Supremo n.º 391/2024, de 10 de mayo, ECLI:ES:TS:2024:2528**, señala que «la competencia objetiva para conocer del delito principal se extiende a los delitos conexos y, desde luego, entre los delitos imputados en la presente causa —tráfico de drogas y blanqueo de capitales— existe una relación inescindible que convierte el enjuiciamiento conjunto en una garantía para el propio acusado».

En este punto, resulta de especial interés la **STS n.º 1020/2022, de 8 de febrero de 2023, ECLI:ES:TS:2023:355**, en la que el Alto Tribunal desestima un recurso de casación contra un auto de la Audiencia Provincial de Pontevedra donde se denegaba la acumulación de condenas. Dichas condenas eran las siguientes:

- Año 1993: 20 años de prisión por delito contra la salud pública.

- Año 2004: 16 años y 10 meses de prisión por delito contra la salud pública.

- Año 2019: 3 años y 9 meses de prisión por delito de blanqueo de capitales procedente del tráfico de drogas.

Argumenta el Supremo que «no resulta cumplimentado el requisito cronológico que veda acumular condenas ya declaradas en sentencia con otras recaídas por hechos posteriores a ese enjuiciamiento». Así pues, continúa estableciendo que:

> «Del examen de la sentencia de 2019, resulta que el penado resulta condenado por actividad de blanqueo que se inició en el año 1985 mediante la constitución de determinadas empresas, pero se dilataron hasta el año 2008 e incluso hasta 2012, en se procede a la inscripción de las fincas resultantes del proceso de reparcelación; de modo que no pudo ser objeto de enjuiciamiento toda esa actividad típica, en 1993.
>
> El efecto abrazadera que invoca el recurrente, no implica que las reiteradas actividades de transformación de las sucesivas ganancias que se recogen en los hechos probados, resulten atípicas tras la primera ocultación de ganancias proveniente del narcotráfico; así esta Sala indica con frecuencia, como en la STS 974/2012 de 5 de diciembre, o en la 904/2022 de 17 de noviembre, entre otras muchas que en la construcción de los correspondientes tipos penales el legislador a veces utiliza conceptos globales, es decir, expresiones que abarcan tanto una sola acción prohibida como varias del mismo tenor, de modo que con una sola de ellas ya queda perfeccionado el delito y su repetición no implica otro derecho a añadir. Así ocurre con el delito del art. 301 CP que se refiere al que "adquiera, convierta o transmita bienes" (apartado 1º), o a "la ocultación o encubrimiento de la verdadera naturaleza, origen, ubicación, destino, movimiento o derechos sobre los bienes o propiedad de los mismos..." (apartado 2)».

La sentencia enumera una serie de hechos probados que indica que «con la finalidad de que los importantes y cuantiosos beneficios obtenidos por el acusado Miguel Ángel de sus actividades delictivas relacionadas con el tráfico de drogas se incorporasen en el mercado de un modo natural y legal, con la ayuda de personas de su entorno».

Así pues, el Tribunal Supremo concluye sentenciando que:

> «Actividades reiteradas de blanqueo procedentes de ganancias del narcotráfico, así declaradas en sentencia, la mayoría de esas conductas típicas realizadas con posterioridad a 1993, por lo que resultaba inviable haberse podido juzgar en 1993, cuando aún no habían acontecido.
>
> Por lo tanto, el recurso, debe ser desestimado, pues la acumulación no resulta viable».

12.
LA PROVOCACIÓN, CONSPIRACIÓN Y PROPOSICIÓN

El artículo 373 del Código Penal establece que «la provocación, la conspiración y la proposición para cometer los delitos previstos en los artículos 368 a 372, se castigarán con la pena inferior en uno o dos grados a la que corresponde, respectivamente, a los hechos previstos en los preceptos anteriores».

Conspiración

El Diccionario de español jurídico define la **conspiración** como el «acto preparatorio del delito que consiste en el concierto de dos o más personas para la ejecución de un delito y en su resolución para ejecutarlo». Por su parte, el Código Penal establece en el artículo 17 que «la conspiración existe cuando dos o más personas se conciertan para la ejecución de un delito y resuelven ejecutarlo».

Estamos pues ante una concertación para realizar el hecho o los hechos delictivos.

Es ilustrativa la **sentencia del Tribunal Supremo n.º 457/2019, de 8 de octubre, ECLI:ES:TS:2019:3033,** al señalar que «la conspiración pertenece así a la categoría de las resoluciones manifestadas y se caracteriza por la conjunción del concierto previo y la firme resolución de cometer el delito, siendo incompatible con la incoación ejecutiva material del delito, que supondría ya la presencia de coautores o partícipes de un delito intentado o consumado».

Asimismo, sigue el TS estableciendo que «la conspiración a que se refiere el art. 17 del Código Penal tipifica las doctrinalmente llamadas resoluciones manifestadas, que tienen en común con los actos preparatorios el que no contienen un principio de ejecución, colocándose en un estadio anterior a la tentativa, vertebrándose tales resoluciones manifestadas por la existencia de un concierto de voluntades de varios en orden a la ejecución de un delito, en este caso, de tráfico de drogas. Se trata de un delito de puta intención que desaparece tan pronto como se inicia su ejecución, esto es, no solo cuando su autor se provisione de la droga para dedicarla al tráfico ilícito, lo que supondría la consumación del delito pretendido, sino también cuando el hecho concertado pasa a vías ulteriores e incompletas de realización cualquiera que sean estas».

Así pues, «de este modo, y como ha resaltado la doctrina, se ubica en el estadio primero del progreso criminal por el que discurre todo delito de comisión plurisubjetiva en el que los partícipes no se sumen al delito que está siendo perpetrado por otro, pues de la ideación y decisión colectiva de perpetrar el ilícito que integra la conspiración, se pasaría a los actos de ejecución con los que principiaría la tentativa, para alcanzar finalmente su consumación cuando se materializa el daño al bien jurídico protegido; lo que no empece que, en todos aquellos supuestos en los que el legislador haya previsto la punición de la conspiración (art. 17.3 del Código Penal), se aprecie un concurso de normas que debe ser resuelto mediante el principio de absorción o de mayor complejidad, tal y como destacaba nuestra STS 33/2013 de 24 de enero».

Proposición

En cuanto a la **proposición**, el DEJ RAE la define como una «invitación a participar en un delito por quien ya ha resuelto cometerlo». Asimismo, el artículo 17 del CP establece que «la proposición existe cuando el que ha resuelto cometer un delito invita a otra u otras personas a participar de él».

Pues bien, podría decirse que la proposición se fundamenta en la resolución firme e inequívoca del proponente para que otro sea autor de un hecho delictivo, a la que acompaña la propuesta de participación o colaboración de otro u otros elementos de carácter coyuntural. A diferencia de lo que se analizaba con la conspiración, en el campo conceptual de la proposición, se puede colegir a tener del artículo 17 anteriormente examinado, que la misma se considera como una mera invitación a la participación o colaboración del hecho delictivo.

Según la doctrina científica, es necesario advertir el componente insustancial o irrelevante sobre la aceptación de que el invitado pueda efectuar o no el hecho delictivo, ya que queda al margen de la esfera subjetiva del proponente, siendo la conducta típica igualmente. Lo que sí ha de constatarse para apreciar la proposición, es que existan valores de concreción sobre la actividad que se propone o solicita por parte del proponente.

El Tribunal Supremo ha establecido en su **sentencia n.º 1113/2003, de 25 de julio, ECLI:ES:TS:2003:5351**, los requisitos para considerar que nos encontramos ante un supuesto de proposición a delinquir. Estos serían:

- Que exista previsión legal expresa en el supuesto del delito objeto de la propuesta.

- La conducta ha de consistir en una propuesta o invitación a tercera persona que, hasta ese momento no hubiera decidido ya, por sí misma, la ejecución del mismo ilícito, para que lo lleve a cabo, conjuntamente con el proponente o en sustitución de éste.

- Esa propuesta ha de referirse a la ejecución de algo posible y ser lo suficientemente seria y mínimamente eficaz para que adquiera la relevancia penal necesaria.

- No solo requiere la aceptación por el destinatario de la propuesta, sino que, de producirse ésta, habría que considerar que nos hallaríamos ya dentro de la figura de la conspiración más que en el de la inicial proposición.

> **A TENER EN CUENTA.** Es claro el TS en la mencionada sentencia al advertir que «la ejecución del delito no ha debido dar comienzo, pues, en tal caso, estamos ya, cuando menos, en la categoría de la tentativa, en la que el proponente que no participa directamente en ella pasaría a ser considerado como inductor».

Provocación

Sobre la **provocación**, el artículo 18 del Código Penal establece que ésta existe «cuando directamente se incita por medio de la imprenta, la radiodifusión o cualquier otro medio de eficacia semejante, que facilite la publicidad, o ante una concurrencia de personas, a la perpetración de un delito».

Es interesante destacar que, en la regulación española, existe un estrecho vínculo entre la provocación y la inducción, por cuanto el artículo 18.2 del CP estipula que «si a la provocación hubiese seguido la perpetración del delito, se castigará como inducción».

En lo relativo a la problemática suscitada por las formas imperfectas de ejecución dentro del estudio de los delitos de drogas y el tráfico de las mismas, es de obligado análisis mencionar que hay ocasiones en las que el Código Penal puede llegar a calificar como un tipo penal propio, lo que tiene apariencia de mero acto preparatorio. Un ejemplo sería la tenencia de sustancias precursoras de la fabricación de drogas.

> **JURISPRUDENCIA**
>
> **Sentencia del Tribunal Supremo n.º 1062/2004, de 21 de octubre, ECLI:ES:TS:2004:6682**
>
> *«La jurisprudencia de esta Sala ha admitido como fundamento de la nulidad del proceso penal la circunstancia de que el hecho punible haya sido provocado por la autoridad. Tal provocación se da cuando los autores del hecho han sido inducidos por agentes provocadores que han creado la decisión de cometer el delito en dichos autores. La circunstancia de que una persona ajena a la autoridad haya delatado a los autores de un delito no constituye, por consiguiente, provocación del delito. Tampoco invalida la prueba su obtención mediante delación, siempre que la inculpación no haya sido lograda mediante procedimientos ilegales».*
>
> **Sentencia del Tribunal Supremo n.º 171/2019, de 28 de marzo, ECLI:ES:TS:2019:1514**
>
> *«(...) en el delito provocado resulta ante todo imprescindible el hecho de la inexistencia previa de cualquier actividad delictiva en trance de comisión del concreto delito de que se trate, de modo que si la ejecución del mismo da comienzo sólo a partir de la intervención del funcionario o agente provocador, pudiendo llegar a afirmarse con seguridad que de no haberse producido tal intervención provocativa el delito no se hubiera llegado a cometer, al menos en las circunstancias concretas en las que el mismo se produjo, sí que deviene procedente la calificación, como 'delito provocado', de esa conducta ilícita y, por consiguiente, con fundamento en lo inadmisible de dicha provocación por parte de las Autoridades entendida como contribución eficaz y*

determinante a la comisión de un delito, la procedencia de su carácter impune. Pero cuando, como aquí, no es que se hubiese iniciado la ejecución del ilícito sino que los actos realizados por los diferentes partícipes, poseyendo y trasladando la sustancia prohibida, ya podían considerarse integrantes de la consumación de semejante infracción, el que uno de los funcionarios, en concreto un guardia civil, objeto de ofrecimientos constitutivos de delito de cohecho activo, simulase, siguiendo instrucciones de sus superiores, atender a dichos requerimientos delictivos, a fin de colaborar en el completo conocimiento, y posterior acreditación, de las actividades de quienes pretendían corromperle, en modo alguno puede significar 'provocación' para la comisión de un delito que, como decíamos, ya se había cometido antes de la intervención, por otro lado no buscada por él, del referido guardia que tan ejemplarmente actuó.

Señala la doctrina que en el delito provocado, la intervención se realiza generalmente por un agente policial o un colaborador de los Cuerpos y Fuerzas de Seguridad —el agente provocador— antes de que los posibles autores hayan comenzado la preparación del hecho punible [SSTS 23 de junio de 1999 y 25 de enero de 2007] y se realiza en virtud de la inducción engañosa que, con el objetivo de conocer la propensión al delito de una persona sospechosa y con la finalidad de constituir pruebas de un hecho criminal, convence al presunto delincuente para que lleve a cabo la conducta delictiva que se espera [STS 16 de febrero de 2006], incitándole a perpetrar una acción, que previamente no tenía propósito de cometer, de forma que, de no existir ésta, el delito no se habría producido [SSTS 3 de marzo de 2004, 6 de junio de 2006 y 13 de noviembre de 2006], pues la voluntad de delinquir no surge por su propia y libre decisión [STS 13 de junio de 2006], sino a través de una especie de investigación o inducción [STS 15 de septiembre de 1993], en los términos del art. 28».

13.
REGULACIÓN ESPECÍFICA DEL DECOMISO Y SU RELACIÓN CON LA REGULACIÓN GENERAL DEL MISMO

El Diccionario de español jurídico define la figura del **decomiso** como una «consecuencia accesoria impuesta por la comisión de una infracción penal, que implica la pérdida de los efectos provenientes de un delito y de los bienes, medios o instrumentos con que se haya preparado o ejecutado, así como de las ganancias provenientes del delito, cualesquiera que sean las transformaciones que hubieren podido experimentar».

En nuestro ordenamiento penal no existe un precepto que defina expresamente la figura del decomiso, es por lo que debemos de acudir a la Directiva 2014/42/UE del Parlamento Europeo y del Consejo, de 3 de abril de 2014, sobre el embargo y el decomiso de los instrumentos y del producto del delito en la Unión Europea, que lo conceptúa como «la privación definitiva de un bien por un órgano jurisdiccional en relación con una infracción penal».

A su vez, el Código Penal, en los artículos 127 a 129 (libro I, título VI, «De las consecuencias accesorias») regulan el decomiso y las sanciones correspondientes que se prevén para las agrupaciones o entes colectivos sin personalidad jurídica.

Fue con la entrada en vigor de la Ley Orgánica 1/2015, de 30 de marzo, de modificación del Código Penal cuando se sustituyó el término «comiso» por el actual, «decomiso», lo que supuso una modificación del decomiso autónomo y una ampliación de su radio de aplicación a otros supuestos. Asimismo, se desarrolla la regulación del decomiso de bienes de terceros y se unifica el doble régimen de decomiso que existía hasta ese momento, que diferenciaba su operatividad para los delitos contra la salud pública y los referentes a otra naturaleza.

Clases de decomiso

Los diferentes tipos de decomiso son:

- Decomiso determinado en una sentencia condenatoria.
- Decomiso ampliado.
- Decomiso de bienes de una actividad delictiva continuada.

- Decomiso autónomo (aunque no medie sentencia condenatoria).
- Decomiso de bienes en poder de tercero.
- Decomiso de valor equivalente.

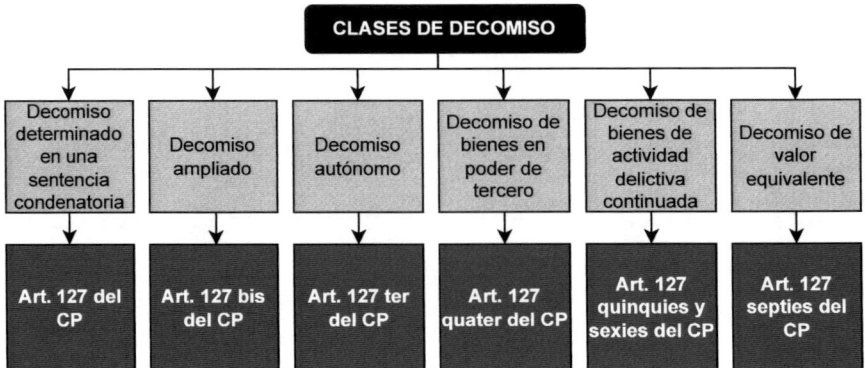

|| Decomiso determinado en una sentencia condenatoria

El artículo 127 del Código Penal, respecto a la figura del decomiso, preceptúa lo siguiente:

«1. Toda pena que se imponga por un delito doloso llevará consigo la pérdida de los efectos que de él provengan y de los bienes, medios o instrumentos con que se haya preparado o ejecutado, así como de las ganancias provenientes del delito, cualesquiera que sean las transformaciones que hubieren podido experimentar.

2. En los casos en que la ley prevea la imposición de una pena privativa de libertad superior a un año por la comisión de un delito imprudente, el juez o tribunal podrá acordar la pérdida de los efectos que provengan del mismo y de los bienes, medios o instrumentos con que se haya preparado o ejecutado, así como de las ganancias provenientes del delito, cualesquiera que sean las transformaciones que hubieran podido experimentar.

3. Si por cualquier circunstancia no fuera posible el decomiso de los bienes señalados en los apartados anteriores de este artículo, se acordará el decomiso de otros bienes por una cantidad que corresponda al valor económico de los mismos, y al de las ganancias que se hubieran obtenido de ellos. De igual modo se procederá cuando se acuerde el decomiso de bienes, efectos o ganancias determinados, pero su valor sea inferior al que tenían en el momento de su adquisición».

JURISPRUDENCIA

Sentencia del Tribunal Supremo n.º 313/2021, de 14 de abril, ECLI:ES:TS:2021:1364

«Las dudas interpretativas se concentran fundamentalmente en las tres categorías de bienes que se incluyen como objeto de comiso, al amparo de la normal general, contenida en el citado art. 127: los efectos del delito deben comprender todo objeto

> *o bien que se encuentre, mediata o inmediatamente en poder del delincuente como consecuencia de la infracción, aunque sea el objeto de la acción típica (drogas, dinero, armas, etc.); los instrumentos del delito, por su parte, se han definido jurisprudencialmente como los útiles y medios utilizados en la ejecución del mismo. Mientras que las ganancias incluyen todo provecho económico obtenido directa o indirectamente de dicha infracción, añadiendo el legislador una cláusula subrogatoria para salvar las transformaciones que hubieran podido experimentar los mismos, lo cual es de todo punto razonable, pues de lo contrario sería fácil burlar el comiso mediante la adquisición o permuta de los efectos o bienes que constituyen ganancias provenientes del hecho ilícito, lo que responde a una estructura de la relación de causalidad de gran amplitud pues de lo que se trata es de anular cualquier ventaja obtenida a partir de aquel (STS 508/2015, de 27-7)».*

|| Decomiso ampliado

Para hablar de decomiso ampliado ha de acudirse al artículo 127 bis 1.m) del Código Penal, donde se regula que «el juez o tribunal ordenará también el decomiso de los bienes, efectos y ganancias pertenecientes a una persona condenada por alguno de los siguientes delitos cuando resuelva, a partir de indicios objetivos y fundados, que los bienes o efectos provienen de una actividad delictiva, y no se acredite su origen lícito: (...) m) Delitos contra la salud pública de los artículos 368 a 373».

En el punto 2 del mismo precepto, se establece que:

> «A los efectos de lo previsto en el apartado 1 de este artículo, se valorarán, especialmente, entre otros, los siguientes indicios:
> 1.º La desproporción entre el valor de los bienes y efectos de que se trate y los ingresos de origen lícito de la persona condenada.
> 2.º La ocultación de la titularidad o de cualquier poder de disposición sobre los bienes o efectos mediante la utilización de personas físicas o jurídicas o entes sin personalidad jurídica interpuestos, o paraísos fiscales o territorios de nula tributación que oculten o dificulten la determinación de la verdadera titularidad de los bienes.
> 3.º La transferencia de los bienes o efectos mediante operaciones que dificulten o impidan su localización o destino y que carezcan de una justificación legal o económica válida».

A TENER EN CUENTA. En estos supuestos anteriormente descritos, será también aplicable lo dispuesto en el apartado 3 del artículo 127.

Por su parte, el punto 4 del artículo 127 bis del CP, preceptúa la posibilidad de que «si posteriormente el condenado lo fuera por hechos delictivos similares cometidos con anterioridad, el juez o tribunal valorará el alcance del decomiso anterior acordado al resolver sobre el decomiso en el nuevo procedimiento».

En último lugar, el punto 5 del artículo 127 bis determina que el decomiso «no será acordado cuando las actividades delictivas de las que provengan los bienes o efectos hubieran prescrito o hubieran sido ya objeto de un proceso penal resuelto por sentencia absolutoria o resolución de sobreseimiento con efectos de cosa juzgada».

RESOLUCIÓN RELEVANTE

Auto de la Audiencia Nacional n.° 689/2021, de 29 de noviembre, ECLI:ES:AN:2021:9054A

«En el artículo 127 bis se contempla el **decomiso ampliado**, esto es la **extensión del decomiso a bienes, efectos y ganancias del condenado** cuyo **origen no está en el delito objeto de condena**, cuando existan indicios objetivos fundados de que provienen de una actividad delictiva y no se acredite su origen lícito. Para ello es necesario que se trate de uno de los delitos que se enumeran, dentro de los que se encuentran tanto los delitos contra la salud pública, como los de blanqueo y los cometidos en el seno de una organización o grupo criminal».

|| Decomiso autónomo

El artículo 127 ter del Código Penal preceptúa lo siguiente con respecto al decomiso autónomo:

«1. El juez o tribunal podrá acordar el decomiso previsto en los artículos anteriores **aunque no medie sentencia de condena**, cuando la situación patrimonial ilícita quede acreditada en un proceso contradictorio y se trate de alguno de los siguientes supuestos:

a) Que el sujeto haya fallecido o sufra una enfermedad crónica que impida su enjuiciamiento y exista el riesgo de que se puedan prescribir los hechos,

b) se encuentre en rebeldía y ello impida que los hechos puedan ser enjuiciados dentro de un plazo razonable, o

c) no se le imponga pena por estar exento de responsabilidad criminal o por haberse ésta extinguido.

2. El decomiso al que se refiere este artículo solamente podrá dirigirse contra quien haya sido formalmente acusado o contra el imputado con relación al que existan indicios racionales de criminalidad cuando las situaciones a que se refiere el apartado anterior hubieran impedido la continuación del procedimiento penal».

RESOLUCIÓN RELEVANTE

Sentencia de la Audiencia Nacional n.° 29/2020, de 9 de diciembre, ECLI:ES:AN:2020:4010

«Ciertamente, hasta esa Ley Orgánica 1/2015, que entró en vigor el 1 de julio de 2015, no se dio regulación a este tipo de decomiso sin sentencia de condena.

Hasta ese momento el tratamiento de los bienes y dinero incautados en procedimientos penales que no concluyeran con sentencia, condenatoria o absolutoria respecto del imputado o acusado al que se hubieran incautado esos bienes, carecía de regulación específica. La paralización procesal de un procedimiento penal por imposibilidad de continuar la investigación o el enjuiciamiento de posibles responsables de delito a los que se hubieran incautado bienes en el mismo procedimiento no permitía dar un destino preciso a esos bienes, que quedaban así depositados en poder el órgano judicial correspondiente a la espera de la reanudación del procedimiento o de su conclusión cuando se cumpliera el plazo de prescripción de la infracción criminal. Entre otros casos, ese precepto no solucionaba los casos de sobreseimiento provisional (artículo 641.2 de la LECrim), en los que el hecho delictivo podría estar acreditado y, por tanto, la procedencia ilícita de determinados bienes o de los instru-

mentos utilizados y sin embargo no poder ser acusadas determinadas personas como autores, cómplices o encubridores. Y, aun así, era incierto el destino de los bienes que presuntamente provenían de una actividad delictiva, y dudoso el procedimiento que debía seguirse para darles un destino público.

Para superar estos obstáculos procesales, complementó esta nueva regulación del decomiso la Ley Orgánica 42/2015, de 5 de octubre, de modificación de la Ley de Enjuiciamiento Criminal para la agilización de la justicia penal y el fortalecimiento de las garantías procesales. Mediante esta norma legal se creó un nuevo Título III ter en el Libro IV titulado 'De la intervención de terceros afectados por el decomiso y del procedimiento de decomiso autónomo', dedicando el Capítulo II al regular el nuevo procedimiento de decomiso autónomo -artículos 803 ter e a 803 ter u. Su entrada en vigor se produjo a los dos meses de su publicación en el BOE (6 de octubre de 2015) y estableció en su disposición transitoria única que se aplicaría esa ley a los procedimientos penales incoados con posterioridad a su entrada en vigor.

Este recorrido legislativo sobre el decomiso pone de manifiesto que, en efecto, el nuevo procedimiento civil para acordar el decomiso autónomo instaurado por la Ley Orgánica 42/2015 no existía con esa denominación antes de su entrada en vigor.

Pero tratándose de una norma procesal civil, no sustantiva, nada impediría a dar el mismo cauce procesal a las situaciones surgidas con posterioridad a la regulación de este procedimiento civil; criterio este que ha seguido la Sala de Apelación de esta Audiencia Nacional en reciente sentencia de 1 de septiembre de 2020 ROJ: SAN 2205/2020 - ECLI:ES:AN:2020:2205. Es más, ante la inexistencia de un trámite específico para determinar el destino final de los bienes incautados en un procedimiento penal sobreseído provisionalmente, ninguna norma prohíbe, ni prohibía antes de la introducción de esta nueva regulación procesal, la utilización de los procedimientos civiles generales para sustanciar la correspondiente pretensión con relación a esos bienes. Lo esencial es que se garantice un proceso contradictorio como paso previo a la decisión jurisdiccional, que se permita la plena defensa de los derechos de las personas que pueden alegar cualquier derecho sobre los bienes incautados antes de decidir sobre su decomiso; efecto que se ha producido con todas las garantías procesales en el procedimiento que se ha seguido en este caso, sin que la defensa de los demandados haya planteado la posible inadecuación del procedimiento por considerar que debía haberse seguido otro proceso declarativo diferente».

|| Decomiso de bienes en poder de tercero

El artículo 127 quater del Código Penal describe esta clase de decomiso del siguiente modo:

«1. Los jueces y tribunales podrán acordar también el decomiso de los bienes, efectos y ganancias a que se refieren los artículos anteriores que hayan sido transferidos a terceras personas, o de un valor equivalente a los mismos, en los siguientes casos:

a) En el caso de los efectos y ganancias, cuando los hubieran adquirido con conocimiento de que proceden de una actividad ilícita o cuando una persona diligente habría tenido motivos para sospechar, en las circunstancias del caso, de su origen ilícito.

b) En el caso de otros bienes, cuando los hubieran adquirido con conocimiento de que de este modo se dificultaba su decomiso o cuando una persona diligente habría tenido motivos para sospechar, en las circunstancias del caso, que de ese modo se dificultaba su decomiso».

Respecto del decomiso de terceros, el apartado segundo de este artículo, establece una presunción *iuris tantum* sobre la procedencia u origen de los bienes objeto de decomiso, estableciéndose el requisito de la gratuidad o escaso valor de la transacción afecta a los mismos.

«2. Se presumirá, **salvo prueba en contrario**, que el tercero ha conocido o ha tenido motivos para sospechar que se trataba de bienes procedentes de una actividad ilícita o que eran transferidos para evitar su decomiso, cuando los bienes o efectos le hubieran sido transferidos a título gratuito o por un precio inferior al real de mercado».

JURISPRUDENCIA

Sentencia del Tribunal Supremo n.º 100/2022, de 9 de febrero. ECLI:ES:TS:2022:400

«Mientras que para el decomiso autónomo basta que el tercero no se muestre diligente en la identificación de las sospechas sobre el origen ilícito de los bienes -por ejemplo, no preguntando- o en el cumplimiento de los mecanismos activados -preguntando a quien no podía informar- o, simplemente, ignorando deliberadamente los datos precursores de la obligada sospecha. Como se precisa en la STJUE de 14 de enero de 2021, en el asunto C-393/19, dimanante de las cuestiones prejudiciales formuladas por el Apelativen Sad Plovdiv (Tribunal de Apelación de Plovdiv), la cláusula de protección del tercero de buena fe frente al procedimiento de decomiso de bienes de terceros que establece el artículo 6.2 de la Directiva 2014/42, exige establecer ' que aquel no sabía y no podía saber'.

(...)

Pues bien, y por lo que respecta al óbice estricto de legitimación, la acción de decomiso autónomo contra terceros prevista en el artículo 127 quáter CP, en relación con lo dispuesto en el artículo 803 ter j. LECrim, es del todo compatible con la que también pueda ejercerse en el mismo proceso contra el acusado rebelde o contra el imputado respecto del que concurran indicios de criminalidad, en los términos precisados en el artículo 127 ter CP. En puridad, en estos supuestos, se ejercen dos acciones de forma cumulativa, sin ninguna interdependencia que condicione la legitimación de los unos y de los otros, a salvo el cuestionable, desde las exigencias de interpretación conforme con el derecho de la Unión, supuesto excepcional de no llamamiento al tercero previsto en el artículo 803 ter a. 2. b) LECrim».

‖ Decomiso de bienes de una actividad delictiva continuada

Es de gran importancia el estudio de esta modalidad de decomiso, pues en sobre el estudio que nos ocupa la casuística lo viene reflejando en innumerables resoluciones judiciales. El decomiso de bienes de una actividad delictiva continuada viene preceptuado en los artículos 127 quinques y sexies del Código Penal, estableciéndose los siguientes requisitos normativos:

Artículo 127 quinquies del CP:

«1. Los jueces y tribunales podrán acordar también el decomiso de bienes, efectos y ganancias provenientes de la actividad delictiva previa del condenado, cuando se cumplan, cumulativamente, los siguientes requisitos:

a) Que el sujeto sea o haya sido condenado por alguno de los delitos a que se refiere el artículo 127 bis.1 del Código Penal.

b) Que el delito se haya cometido en el contexto de una actividad delictiva previa continuada.

c) Que existan indicios fundados de que una parte relevante del patrimonio del penado procede de una actividad delictiva previa».

Según el propio precepto del CP, son indicios relevantes:

«1.º La desproporción entre el valor de los bienes y efectos de que se trate y los ingresos de origen lícito de la persona condenada.

2.º La ocultación de la titularidad o de cualquier poder de disposición sobre los bienes o efectos mediante la utilización de personas físicas o jurídicas o entes sin personalidad jurídica interpuestos, o paraísos fiscales o territorios de nula tributación que oculten o dificulten la determinación de la verdadera titularidad de los bienes.

3.º La transferencia de los bienes o efectos mediante operaciones que dificulten o impidan su localización o destino y que carezcan de una justificación legal o económica válida».

A TENER EN CUENTA. Es menester hacer constar el requisito normativo de carácter cuantitativo que establece el último párrafo del punto primero del 127 quinques: «Lo dispuesto en el párrafo anterior solamente será de aplicación cuando consten indicios fundados de que el sujeto ha obtenido, a partir de su actividad delictiva, un beneficio superior a 6.000 euros».

El punto número 2 del artículo 127 quinques, establece los parámetros normativos de lo que se ha de entender por el concepto jurídico de «actividad delictiva continuada»:

«A los efectos del apartado anterior, se entenderá que el delito se ha cometido en el contexto de una actividad delictiva continuada siempre que:

a) El sujeto sea condenado o haya sido condenado en el mismo procedimiento por tres o más delitos de los que se haya derivado la obtención de un beneficio económico directo o indirecto, o por un delito continuado que incluya, al menos, tres infracciones penales de las que haya derivado un beneficio económico directo o indirecto.

b) O en el período de seis años anterior al momento en que se inició el procedimiento en el que ha sido condenado por alguno de los delitos a que se refiere el artículo 127 bis del Código Penal, hubiera sido condenado por dos o más delitos de los que hubiera derivado la obtención de un beneficio económico, o por un delito continuado que incluya, al menos, dos infracciones penales de las que ha derivado la obtención de un beneficio económico».

El artículo 127 sexies del CP, tasa una relación normativa de presunciones legales cuando se constate una actividad delictiva de carácter continuada:

«A los efectos de lo previsto en el artículo 127 quinques, serán de aplicación las siguientes presunciones:

1.º Se presumirá que todos los bienes adquiridos por el condenado dentro del período de tiempo que se inicia seis años antes de la fecha de apertura del procedimiento penal, proceden de su actividad delictiva.

A estos efectos, se entiende que los bienes han sido adquiridos en la fecha más temprana en la que conste que el sujeto ha dispuesto de ellos.

2.º Se presumirá que todos los gastos realizados por el penado durante el período de tiempo a que se refiere el párrafo primero del número anterior, se pagaron con fondos procedentes de su actividad delictiva.

3.º Se presumirá que todos los bienes a que se refiere el número 1 fueron adquiridos libres de cargas.

El juez o tribunal podrá acordar que las anteriores presunciones no sean aplicadas con relación a determinados bienes, efectos o ganancias, cuando, en las circunstancias concretas del caso, se revelen incorrectas o desproporcionadas».

|| Decomiso de valor equivalente

Para realizar el estudio del decomiso de valor equivalente, es necesario comenzar por traer a colación nuevamente **el artículo 127 del CP en su apartado tercero,** donde se establece que:

> «Si por cualquier circunstancia no fuera posible el decomiso de los bienes señalados en los apartados anteriores de este artículo, se acordará el decomiso de otros bienes por una cantidad que corresponda al valor económico de los mismos, y al de las ganancias que se hubieran obtenido de ellos. De igual modo se procederá cuando se acuerde el decomiso de bienes, efectos o ganancias determinados, pero su valor sea inferior al que tenían en el momento de su adquisición».

Ahora bien, por su parte, el artículo 127 septies del Código Penal establece que en caso de que la ejecución no hubiera podido llevarse a cabo, ya sea en todo o en parte, a causa de la naturaleza o situación de los bienes, efectos o ganancias de que se trate, o ya sea por cualquier otra circunstancia, el juez o tribunal, **mediante auto,** podrá acordar el decomiso de otros bienes, aunque el origen de los mismos sea lícito, que pertenezcan a los criminalmente responsables del hecho por un valor equivalente al de la parte no ejecutada del decomiso que se acordó inicialmente.

Asimismo, este precepto contempla que también se procederá cuando se acuerde el decomiso de bienes, efectos o ganancias determinados, pero su valor sea inferior al que tenían en el momento de la adquisición.

Destino de los bienes decomisados

Para analizar lo relativo al destino de los bienes decomisados, es necesario acudir a los artículos 127 octies y 128 del Código Penal.

En primer lugar, el artículo 127 octies del CP establece que:

> «1. A fin de garantizar la efectividad del decomiso, los bienes, medios, instrumentos y ganancias podrán ser aprehendidos o embargados y puestos en depósito por la autoridad judicial desde el momento de las primeras diligencias.

2. Corresponderá al juez o tribunal resolver, conforme a lo dispuesto en la Ley de Enjuiciamiento Criminal sobre la realización anticipada o utilización provisional de los bienes y efectos intervenidos.

3. Los bienes, instrumentos y ganancias decomisados por resolución firme, salvo que deban ser destinados al pago de indemnizaciones a las víctimas, serán adjudicados al Estado, que les dará el destino que se disponga legal o reglamentariamente».

Por su parte, el artículo 128 del CP establece que «cuando los referidos efectos e instrumentos sean de lícito comercio y su valor no guarde proporción con la naturaleza o gravedad de la infracción penal, o se hayan satisfecho completamente las responsabilidades civiles, podrá el Juez o Tribunal no decretar el decomiso, o decretarlo parcialmente».

JURISPRUDENCIA

Sentencia del Tribunal Supremo n.º 313/2018, de 28 de junio, ECLI:ES:TS:2018:2421

«La presente Sentencia guarda una estrecha relación con la STS 279/2018 de 29 de mayo, en la que conocimos otra impugnación del Ministerio fiscal con el mismo contenido y objeto impugnatorio. Nos ratificamos en su contenido argumentativo y el análisis que realiza sobre el fundamento y finalidad de la pena de multa proporcional y la relación de ésta con la nueva dimensión de la consecuencia jurídica del decomiso, con la finalidad de evitar que el delito sea rentable en su dimensión económica.

El motivo se desestima. El precepto que se designa como indebidamente aplicado señala que 'para la determinación de la cuantía de las multas que se impongan en aplicación de los artículos 368 a 372, el valor de la droga objeto del delito o de los géneros o efectos intervenidos será el precio final del producto o, en su caso, la recompensa o ganancia obtenida por el reo o que hubiera podido obtener'. Este precepto tiene un contenido similar al señalado en el artículo 52 Cp, que de forma genérica regula los criterios de determinación de la pena de multa y señala el mencionado artículo en su apartado primero que 'no obstante lo dispuesto en los artículos anteriores y cuando el código así lo determine, la multa se establecerá en proporción al daño causado, el valor del objeto del delito o el beneficio reportado por el mismo'.

En estos casos, los jueces y tribunales impondrán la multa dentro de los límites finados para cada delito, y tendrá en cuenta, para determinar en cada caso su cuantía, no sólo las circunstancias atenuantes y agravantes, sino principalmente la situación económica de culpable'. De ambos preceptos resulta que el único criterio de preferencia para determinar e individualizar la pena de multa es el de la situación económica del culpable, a la que se vuelva a referir el precepto, en el caso de cambio de circunstancias económicas en los artículos. 52.3 y 51 del Código penal. El art. 52 refiere, también como criterio de individualización de la pena de multa, el daño causado, el valor del objeto del delito o el beneficio que intentare obtener. en igual sentido artículo 377 Cp que refiere, de una parte, que recompensa o ganancia obtenida por el reo. Los dos parámetros ofrecen una alternativa al juzgador, el valor de la droga o la recompensa o ganancia obtenida. Las dos alternativas están dispuestas entre la conjunción 'o', lo que indican una diferencia, separación o alternativa entre dos o más personas, cosas o ideas. Consecuentemente, las posibilidades son alternativas y no hay, entre ellas, preferencia alguna, sin perjuicio de la especial consideración que el valor de la droga para evitar la rentabilidad económica del delito.

La expresión 'en su caso' del art. 377 CP va referida a aquellos supuestos en los que el beneficio obtenido o que se espera obtener sea, en efecto, una alternativa, es decir, que figure el hecho probado de la sentencia, las dos posibilidades de la alternativa, el valor de la droga y el beneficio que esperaba obtener. La expresión, en su caso, hace referencia, precisamente, a la existencia de la alternativa que posibilite las facultades de opción por una u otra».

14.
REINCIDENCIA INTERNACIONAL

El término **reincidencia**, como **concepto jurídico de carácter general**, atiende a la agravante de la responsabilidad criminal que consiste en haber sido condenado previamente a la causa por la que se enjuicia al reo, por un delito análogo al que se le imputa.

Por su parte, el **artículo 22 del Código Penal** establece que «hay reincidencia cuando, al delinquir, el culpable haya sido condenado ejecutoriamente por un delito comprendido en el mismo título del este Código, siempre que sea de la misma naturaleza». Asimismo, dispone que «a los efectos de este número no se computarán los antecedentes penales cancelados o que debieran serlo, ni los que correspondan a delitos leves». También, «las condenas firmes de jueces o tribunales impuestas en otros Estados de la Unión Europea producirán los efectos de reincidencia salvo que el antecedente penal haya sido cancelado o pudiera serlo con arreglo al Derecho español».

> **JURISPRUDENCIA**
> **Sentencia del Tribunal Supremo n.º 797/2021, de 20 de octubre, ECLI:ES:TS:2021:3889**
>
> *«Esta reincidencia entre las sentencias dictadas en el ámbito de la Unión Europea, es consecuencia de la implementación de la Decisión Marco 2008/675/JAI del Consejo, de 24 de julio de 2008, relativa a la consideración de las resoluciones condenatorias entre los Estados miembros de la Unión Europea con motivo de un nuevo proceso penal; si bien en el ámbito concreto de los delitos de tráfico de drogas y estupefacientes, contamos así mismo con la genérica reincidencia internacional del art. 375 CP; y en ambos casos, la cancelación viene referida a la normativa española, no a la prevista en el país de emisión de la condena, salvo que allí obre expresamente cancelada, lo que habría de ser igualmente objeto de comunicación sin demora entre las autoridades centrales designadas para el intercambio de información de los registros de antecedentes penales entre los Estados miembros (art. 4.3Decisión marco 2008/315/JAI del Consejo, de 26 de febrero de 2009)».*

Puede concluirse, pues, que las circunstancias que deben concurrir para que se considere que existe reincidencia son las siguientes:

- Condena ejecutoria previa.
- Delito del mismo título del CP y misma naturaleza.
- Antecedentes penales no computan si están cancelados (o debían haberlo sido) o corresponden a delitos leves.

Reincidencia cualificada

En lo relativo a la **reincidencia de carácter cualificado**, también denominada **«multirreincidencia»**, el DEJ RAE la define como la «concurrencia de al menos tres condenas firmes por delitos comprendidos en el mismo título del Código Penal y de la misma naturaleza que el que se ha cometido».

Sobre esta línea, es necesario mencionar el artículo 66.1.5.ª del Código Penal, que establece que «cuando concurra la circunstancia agravante de reincidencia con la cualificación de que el culpable al delinquir hubiera sido condenado ejecutoriamente, al menos, por tres delitos comprendidos en el mismo título de este Código, siempre que sean de la misma naturaleza, podrán aplicar la pena superior en grado a la prevista por la ley para el delito de que se trate, teniendo en cuenta las condenas precedentes, así como la gravedad del nuevo delito cometido».

A TENER EN CUENTA. El art. 66.1.5.ª del CP inciden en que no se computarán los antecedentes penales cancelados o que debieran serlo.

Sobre el análisis precedente, es lógico que bajo premisas normativas la reincidencia tenga eficacia sobre las sentencias dictadas por los Tribunales extranjeros, determinándose en el Código Penal esta eficacia cuando se trata de sentencia condenatorias extranjeras sobre múltiples delitos, incluidos los que son objeto de este estudio, es decir, los delitos contra la salud pública en su modalidad de elaboración y tráfico de sustancias estupefacientes.

RESOLUCIÓN RELEVANTE

Sentencia de la Audiencia Provincial de Navarra n.º 129/2012, de 12 de julio, ECLI:ES:APNA:2012:403

«La concurrencia de la agravante de multirreincidencia no puede ofrecer duda, pues como la propia parte apelante reconoce el acusado había sido condenado anteriormente en virtud de tres sentencias firmes por un delito de la misma naturaleza, por lo que la agravante de reincidencia con el grado de cualificada prevista en el Art. 22.8ª en relación con el Art. 66.1.5ª del C. Penal es indiscutible.

Cuestión distinta es la relativa a la aplicación de la pena, que se contempla en la regla 5ª del Art. 66.1 del C. Penal, en que partiendo objetivamente de la concurrencia de una multirreincidencia o reincidencia cualificada por haber sido condenado ejecutoriamente al menos por tres delitos comprendidos en el mismo título que sean de la misma naturaleza, puede fijarse una pena superior en grado a la prevista por la ley para los delitos de que se trate, pues en este caso cierto es que para fijar esa pena superior en grado deben valorarse, se deben tener en cuenta, las condenas anteriores, así como la gravedad del nuevo delito, valoración esta que salvo la propia condena no ha sido realizada, o cuando menos exteriorizado el argumento relativo a su valoración, lo que a priori impediría pasar a la pena superior en grado, lo que afirma la Juez 'a quo' ha realizado al fijar la pena de seis meses de prisión ('cabe imponer la pena superior en grado, en este caso de seis meses de prisión, se trata de la pena mínima de la superior en grado, entre seis y nueve meses').

Sin embargo existe un error en esa indicación, pues de conformidad con lo dispuesto en el Art. 70 del C. Penal en su regla 1ª del apartado 1 del C. Penal la pena superior en grado, para lo que se parte de la cifra máxima señalada, que en este caso sería de seis meses de prisión, se determinaría aumentando ésta a la mitad, es

> *decir en el caso de autos tres meses más, constituyendo la suma resultante su límite máximo, es decir nueve meses, pero imperativamente el 'límite mínimo de la pena superior en grado será el máximo de la pena señalada ...incrementado en un día'; siendo el día indivisible (regla 3ª), por lo que en el supuesto de autos la pena mínima de la superior en grado no es seis meses, sino seis meses y un día y la máxima de nueve meses.*
>
> *Si partimos de ello, se revela que en el supuesto de autos, en todo caso la pena impuesta de seis meses es la máxima prevista para el delito, pues la pena superior en grado sería de seis meses y un día a nueve meses, por lo que habiendo fijado el Juzgado 'a quo' dicha pena dentro de la prevista legalmente para el delito, la circunstancia de no haber valorado las condenas precedentes ni la gravedad de la nueva condena es irrelevante, debiendo mantenerse la pena impuesta, y no siendo procedente la reducción de pena que se interesa dada la concurrencia de esa multirreincidencia que justifica la imposición de la pena de seis meses impuesta, que representa el máximo previsto en la ley para el delito cometido».*

Reincidencia internacional

La figura de la **reincidencia internacional** se basa en la previsión normativa de algunos tipos delictivos que permite la estimación de antecedentes penales extranjeros materializados en sentencias de tribunales internacionales, con el fin de aplicar por el tribunal nacional la agravante de reincidencia sobre la condena del actual proceso.

Sobre los delitos contra la salud pública y concretamente los relativos a drogas tóxicas, estupefacientes y sustancias psicotrópicas, la reincidencia internacional se prevé en el artículo 375 del Código Penal, que según su nueva redacción por LO 1/2015 de 30 de marzo, las condenas de jueces o tribunales extranjeros por delitos de tráfico de drogas previstos en los arts. 368 a 372 del Código Penal producirán efectos de reincidencia, salvo que el antecedente penal haya sido cancelado o pueda serlo con arreglo al derecho español.

Examinemos el tenor literal del artículo 375 del Código Penal:

«Las condenas de jueces o tribunales extranjeros por delitos de la misma naturaleza que los previstos en los artículos 361 al 372 de este Capítulo producirán los efectos de reincidencia, salvo que el antecedente penal haya sido cancelado o pueda serlo con arreglo al Derecho español».

Es menester para aplicar esta circunstancia de la agravante de reincidencia, que los antecedentes penales no hayan sido cancelados o debieran serlo. Para ello el artículo 136 del Código Penal establece que:

«1. Los condenados que hayan extinguido su responsabilidad penal tienen derecho a obtener del Ministerio de Justicia, de oficio o a instancia de parte, la cancelación de sus antecedentes penales, cuando hayan transcurrido sin haber vuelto a delinquir los siguientes plazos:
a) Seis meses para las penas leves.
b) Dos años para las penas que no excedan de doce meses y las impuestas por delitos imprudentes.

c) Tres años para las restantes penas menos graves inferiores a tres años.

d) Cinco años para las restantes penas menos graves iguales o superiores a tres años.

e) Diez años para las penas graves.

2. Los plazos a que se refiere el apartado anterior se contarán desde el día siguiente a aquel en que quedara extinguida la pena, pero si ello ocurriese mediante la remisión condicional, el plazo, una vez obtenida la remisión definitiva, se computará retrotrayéndolo al día siguiente a aquel en que hubiere quedado cumplida la pena si no se hubiere disfrutado de este beneficio. En este caso, se tomará como fecha inicial para el cómputo de la duración de la pena el día siguiente al del otorgamiento de la suspensión.

3. Las penas impuestas a las personas jurídicas y las consecuencias accesorias del artículo 129 se cancelarán en el plazo que corresponda, de acuerdo con la regla prevista en el apartado 1 de este artículo, salvo que se hubiese acordado la disolución o la prohibición definitiva de actividades. En estos casos, se cancelarán las anotaciones transcurridos cincuenta años computados desde el día siguiente a la firmeza de la sentencia.

(...)»

RESOLUCIÓN RELEVANTE

Sentencia de la Audiencia Provincial de Murcia n.º 202/2020, de 10 de julio, ECLI:ES:APMU:2020:1342

«El artículo 375 del Código Penal (modificado por la LO 1/2015 de 30 de marzo) es claro cuando excluye de la apreciación los antecedentes penales que hayan sido cancelados o puedan serlo con arreglo al derecho español. Por ello, aun cuando conste que la condena lo ha sido por un delito contra la salud pública, y aun cuando dicha condena pudiera haber fundado una agravante de reincidencia internacional (STS 874/2014), no sabemos si dicho antecedente era susceptible de cancelación.

De manera que la pena se fijará sin tener en cuenta la agravante de reincidencia, aunque, como veremos, ello no va a tener efecto penológico alguno en relación a la concreta extensión de la pena impuesta en la sentencia, dado que, aún sin la agravante de reincidencia, la pena, al ser de notoria importancia la cantidad de droga aprehendida, se ha impuesto en un límite bastante alejado del máximo imponible (4 años y 6 meses de prisión), como se verá al examinar el motivo de apelación del Ministerio Fiscal.

SÉPTIMO: En relación al recurso de apelación que el Ministerio Fiscal formula mediante el mismo interesa que la pena a imponer a Raúl sea la de tres años y nueve meses de prisión por haber existido un error de cálculo en la fijación de la misma que explica: «se ha producido un error en el cálculo de la pena de prisión por aplicación de los artículos 368, 369.1.5ª del CP con la concurrencia de la circunstancia agravante de reincidencia del art. 375 del CP.

La pena de prisión del artículo 368 del CP por un delito de tráfico de sustancias estupefacientes que no causan grave daño a la salud es de 1 a 3 años. En el supuesto de autos, los hechos revestían mayor gravedad por concurrir la cantidad de notoria importancia del art. 369.1.5ª del Cp que determina la pena superior en grado, y que, por tanto, la pena a imponer oscilaría entre los 3 años y un día y los 4 años y 6 meses.

Como quiera que el acusado Raúl era reincidente conforme al artículo 375 y 22.8 del CP la pena a imponer se calcula en su mitad superior de acuerdo con lo dispuesto en el art. 66.1. 3ª del CP. Partiendo de la pena superior en grado la pena de prisión en la mitad superior estaría comprendida entre los 3 años y 9 meses a los 4 años y 6 meses».

15.
PRELACIÓN DE LOS PAGOS DEL CONDENADO

En lo referente a la imputación de pagos efectuados por el penado, hay que estar a lo dispuesto en el artículo 378 del Código Penal, siempre teniendo en cuenta la modificación introducida por la Ley Orgánica 1/2015, de 30 de marzo. Pues bien, este precepto establece un orden de imputación de los pagos al penado por uno o varios de los delitos de tráfico de drogas contemplados en los arts. 368 a 372 del CP.

Esta prelación de pagos atiende a la siguiente correlación.

1. Reparación del daño causado e indemnización de perjuicios.

2. Indemnización al Estado por el importe de los gastos que se hayan hecho por su cuenta en la causa.

3. Pago de multa.

4. Costas del acusador particular o privado cuando se imponga en la sentencia su pago.

5. Demás costas procesales, incluso las de la defensa del procesado, sin preferencia entre los interesados.

ANEXO I.
CUADROS DE DOSIS MÍNIMAS PSICOACTIVAS Y CANTIDADES DE NOTORIA IMPORTANCIA

Acuerdo del Pleno del Tribunal Supremo, Sala Segunda, de fecha 19/10/2001

1. La agravante específica de cantidad de notoria importancia de drogas tóxicas, estupefacientes o sustancias psicotrópicas, prevista en el número 3° del artículo 369 del Código Penal, se determina a partir de las quinientas dosis referidas al consumo diario que aparece actualizado en el informe del Instituto Nacional de Toxicología de 18 de octubre de 2001.

2. Para la concreción de la agravante de cantidad de notoria importancia se mantendrá el criterio seguido por esta sala de tener exclusivamente en cuenta la sustancia base o tóxica, esto es reducida a pureza, con la salvedad del hachís y de sus derivados.

3. No procederá la revisión de las sentencias firmes, sin perjuicio de que se informen favorablemente las solicitudes del indulto para que las condenas se correspondan a lo que resulta del presente acuerdo.

4. Para facilitar la aplicación de esta agravante específica, según lo acordado, se acompaña un cuadro –sobre la base del remitido por el Instituto Nacional de Toxicología– en el que se determinan las cantidades que resultan de las quinientas dosis, atendido el consumo diario estimado, de acuerdo con el informe de dicho instituto.

SUSTANCIA	NOMBRES ALTERNATIVOS O COMERCIALES	FISCALIZACIÓN	CANTIDAD DE NOTORIA IMPORTANCIA
OPIÁCEOS Y SUSTANCIAS FARMACOLÓGICAMENTE RELACIONADAS			
Heroína	Caballo	Lista I Y IV C.U. 1961	300 grs.
Morfina	Cloruro mórfico andromaco Cloruro mórfico braun Morfina braun Morfina serra MST continus Sevedrol Skenan	Lista I C.U. 1961	1000 grs.
Metadona	Metasedin	Lista I C.U. 1961	120 grs.

Buprenorfina	Buprex Prefin	Lista III C. Viena 1971	1'2 grs.
Dextropropoxifeno	Darvon Deprancol	Lista II C.U. 1961	300 grs.
Pentazocina	Pentazocina fides Sosegon	Lista III C. Viena 1971	180 grs.
Fentanilo	Durogesic Fentanest	Lista I C.U. 1961	50 mg.
Dihidrocodeina	Contugesic	Lista II C.U. 1961	180 grs.
Levoacetil-metadol	Laam Orlam	Lista I C.U. 1961	90 grs.
Petidina	Meperidina Dolantina	Lista I C.U. 1961	150 grs.
Tramadol	Adolonta Tioner Tradonal Tralgiol Tramadol Asta médica		200 grs.

DERIVADOS DE LA COCAÍNA

Clorhidrato de cocaína	Nieve Perico Spedball (junto con heroína)	Lista I C.U. 1961	750 grs.

DERIVADOS DEL CANNABIS

Marihuana	Hierba Grifa Costo María	Lista I y IV C.U. 1961 Lista II C. Viena 1971	10 Kg
Hachís	Chocolate.	Lista I y IV C.U. 1961 Lista II C. Viena 1971	2'5 Kg.
Aceite de hachís		Lista I y IV C.U. 1961 Lista II C. Viena 1971	300 grs.

L.S.D. (dietilamina del ácido isérgico)	Tripi Ácido	Lista I. C. Viena 1971	300 mg.

DERIVADOS DE LA FENILETILAMINA

Sulfato de anfeta-mina	Anfetas Spedd Centramina (no comercializado ya)	Lista II C. Viena 1971	90 grs.
Anfepramona	Delgamer	Lista IV C. Viena 1971	75 grs.
Clobenzorex	Finedal	Anexo II R.D. 2829/77	45 grs.
Fenproporex	Antiobes Retard Grasmin Tegisec.	Lista IV C. Viena 1971	1'5 grs.
D. Metanfetamina	Speed Tripi (en ocasiones)	Lista II C. Viena 1971	30 grs.

HIPNÓTICOS Y SEDANTES

Alprazolam	Alprazolam Efar-mes Alprazolam Gemi-nis Alprazolam Merck Trankimazin	Lista IV C. Viena 1971	5 grs.
Triazolam	Halcion	Lista IV C. Viena 1971	1'5 grs.
Flunitrazepam	Rohipnol	Lista III C. Viena 1971	5 grs.
Lorazepam	Donix Idalprem Lorazepam medical Orfidalwyeth Placinoral Sedizepan	Lista IV C. Viena 1971	7'5 grs.
Clorazepato di po-tásico	Nansius Transilium	Lista IV C. Viena 1971	75 grs.

FENETILAMINAS DE ANILLO SUSTITUÍDO (DROGAS DE SÍNTESIS)

MDA	Píldora del amor	Lista I. C. Viena 1971	240 grs.
MDMA	Éxtasis	Lista I. C. Viena 1971	240 grs.
MDEA	Eva	Lista I. C. Viena 1971	240 grs.

Fte: Instituto Nacional de Toxicología

Los datos que se consignan en este cuadro, expresan en gramos, miligramos o microgramos, las dosis mínimas psicoactivas, esto es, que afectan a las funciones físicas o síquicas de una persona.

CUADRO RESUMEN		
SUSTANCIA	**DOSIS MÍNIMA PSICOACTIVA**	**CANTIDAD DE NOTORIA IMPORTANCIA**
COCAÍNA	50 mg.	750 grs.
HEROÍNA	0,66 mg.	300 grs.
HACHÍS	10 mg.	300 grs.
LSD	20 mg.	300 mg.
MORFINA	2 mg.	1000 grs.
MDMA/MDA	20 mg.	240 grs.

ANEXO II.
CASOS PRÁCTICOS

Caso práctico | Asociaciones cannábicas ¿Delito de cultivo o consumo compartido?

PLANTEAMIENTO

«A» y «B» son socios de una asociación de usuarios de cánnabis sin ánimo de lucro. En dicha asociación se lleva a cabo cultivo de marihuana con el fin de satisfacer las necesidades de consumo de todos los socios.

La constitución de esa asociación se llevó a cabo cumpliendo los requisitos de la Ley Orgánica 1/2002, de 22 de marzo, reguladora del Derecho de Asociación, de tal modo que presentada la documentación en el Registro General de Asociaciones se produjo su registro sin mayor problema.

El artículo 2 de los Estatutos de la Asociación establece como sus fines los siguientes:

> «1º.- Informar a sus socios de las cuestiones relativas al cáñamo, estudio e investigación en relación de dicha cuestión, representación y defensa de sus asociados ante cualquiera actuación de la administración pública.
> No constituye objetivo de la asociación el fomento ni la difusión de sustancia alguna, es más la asociación aboga por un mundo sin drogas. Pero los que estamos en esta realidad necesitamos normalizar nuestras vidas».

En el mismo artículo se prevé para la consecución de dichos fines, previo el cumplimiento de los requisitos legales establecidos, entre otras actividades, «el alquiler de un local donde crear un espacio y ambiente adecuado para llevar a término las catas del vegetal conocido como cannabis sativa en el que tener una sede social, así como un lugar en el que experimentar con genética para nuestros usos, tanto terapéuticos como lúdicos».

Los socios que ingresaban en la mencionada asociación desde el inicio de su actividad suscribían en el momento del ingreso dos documentos:

- Contrato de Previsión de Consumo: manifestando el suscribiente la cantidad de consumo prevista para un plazo de seis meses. En dicho documento se contenían las siguientes manifestaciones efectuadas por parte del nuevo socio: «Ser usuario/a habitual de la planta de cannabis y sus derivados o haber sido diagnosticado de alguna enfermedad para la cual la eficacia del uso terapéutico o paliativo de los cannabinoides haya sido probada científicamente».

- Acuerdo de Cultivo Colectivo: en dicho documento, suscrito por los socios, se acordaba lo siguiente: «Que el cultivo se llevará a cabo en las épocas requeridas por la naturaleza de la planta para su normal desarrollo o, en cualquier momento, mediante sistemas de cultivo interior. El terreno o espacio efectivamente cultivado no excederá nunca el total resultante de adjudicar una porción de suelo no superior a un metro cuadrado por persona.

Que, en todo caso, los frutos recolectados del cultivo acordado serán exclusivamente destinados al uso o consumo personal y privado, de forma que las únicas finalidades para las que responsa su obtención sean las de garantizar la protección de la salud individual y la seguridad de todos y cada uno de los firmantes de este acuerdo. Como consumidores de cannabis, sólo pretendemos proteger nuestra salud de los graves perjuicios derivados del consumo de cannabis adulterado y garantizar nuestra seguridad e integridad personal, hartos de un mercado negro lleno de riesgos».

El 20 de abril de 2023 dos agentes del Cuerpo de Policía Nacional hacen un registro en el local y encuentran 800 gramos de marihuana y 70 plantas de la misma, además de 800 euros en una caja registradora. Estos hechos dieron lugar a una causa abierta en el juzgado de instrucción por —presunto— un delito contra la salud pública en su modalidad de drogas que no causan graves daños a la salud.

¿Tendrá viabilidad el amparo en el cultivo colectivo la defensa de esta asociación de usuarios de cánnabis?

RESPUESTA

Para dar respuesta al presente caso práctico nos apoyaremos en la sentencia del Tribunal Supremo n.º 484/2015, de 7 de septiembre, ECLI:ES:TS:2015:3981.

En primer lugar cabe señalar que el art. 368 del CP castiga, el tráfico de drogas tóxicas o sustancias estupefacientes o psicotrópicas con una amplitud que ha sido tildada en ocasiones de desmesurada: «los que ejecuten actos de cultivo, elaboración o tráfico, o de otro modo promuevan, favorezcan o faciliten el consumo ilegal de drogas tóxicas, estupefacientes o sustancias psicotrópicas, o las posean con aquellos fines».

Si bien, el art. 368 del CP no sanciona el consumo, pero sí toda actividad que lo promueve.

Por otra parte, el cultivo es una de las acciones expresamente mencionadas en el art. 368 del CP, ya que cuando su objetivo final es ese consumo contrario a la legalidad, se convierte en conducta típica.

No es así cuando las actuaciones personales van destinadas al propio consumo, si bien sigue siendo ilegal, pero no penalmente prohibido, ya que, son atípicas en nuestro ordenamiento, aunque supongan facilitar o promover un consumo ilegal: la adquisición, la solicitud, incluso la producción, etc.

También el cultivo es una conducta típica cuando se detecte el facilitar o favorecer el consumo de otros. Por su parte, el cultivo para el exclusivo consumo personal es contrario a la legalidad, pero carece de relieve penal.

Por su parte, el cannabis, es uno de los estupefacientes con ciclo natural de cosecha. Los actos de cultivo del mismo son punibles sólo en cuanto tiendan a facilitar la promoción, favorecimiento o facilitación del consumo indebido por terceros.

La atipicidad del consumo compartido, doctrina de creación jurisprudencial y que constituye una consecuencia lógica de la atipicidad del autoconsumo, es aplicable cuando concurren cuatro circunstancias o requisitos:

- Que se trate de **consumidores habituales o adictos** que se agrupan para consumir la sustancia. Con esta limitación se pretenden evitar supuestos de favorecimiento del consumo ilegal por terceros, que es precisamente la conducta que sanciona expresamente el tipo, salvo los que ya fuesen consumidores habituales de la sustancia en cuestión.

- El **consumo de la misma debe llevarse a cabo en lugar cerrado**. La finalidad de esta exigencia es evitar la promoción pública del consumo y la difusión de la sustancia a quienes no forman parte de los inicialmente agrupados.

- Deberá circunscribirse el acto a **un grupo reducido de adictos o drogodependientes** y ser éstos identificables y determinados.

- No se incluyen en estos supuestos las **cantidades que rebasen la droga necesaria para el consumo inmediato**. En consecuencia, solo se aplica a cantidades reducidas, limitadas al consumo diario.

Así, la citada sentencia de forma muy clara reza al respecto:

«Hay un salto cualitativo y no meramente cuantitativo, como pretende el Tribunal a quo, **entre el consumo compartido entre amigos o conocidos**, -uno se encarga de conseguir la droga con la aportación de todos para consumirla de manera inmediata juntos, sin ostentación ni publicidad-; y la **organización de una estructura metódica, institucionalizada, con vocación de permanencia y abierta a la integración sucesiva y escalonada de un número elevado de personas**. Esto segundo -se capta intuitivamente- es muy diferente. Aquello es asimilable al consumo personal. Esta segunda fórmula, en absoluto. **Se aproxima más a una cooperativa que a una reunión de amigos que comparte una afición perjudicial para la salud, pero tolerada**. Estamos ante una actividad nada espontánea, sino preconcebida y diseñada para ponerse al servicio de un grupo que no puede considerarse "reducido" y que permanece abierto a nuevas y sucesivas incorporaciones.

Uno de los requisitos exigidos para considerar la atipicidad del consumo compartido, es la exclusión de actividades de almacenamiento masivo, germen, entre otros, de ese "peligro" que quiere desterrar el legislador.

Se hace por todo ello muy difícil admitir que no se considere favorecimiento del consumo la apertura de esa modalidad de asociación a un número indiscriminado de socios».

Pero por otra parte, entiende que la actividad desarrollada por los conocidos clubs sociales de cánnabis, **no será constitutiva de delito** cuando consista en **proporcionar información, elaborar o difundir estudios, realizar propuestas, expresar de cualquier forma opiniones sobre la materia, promover tertulias o reuniones o seminarios** sobre estas cuestiones, pero si lo será, en caso de traspasar las fronteras penales la conducta concretada en organizar un sistema de cultivo, acopio o adquisición de marihuana o cualquiera otra droga tóxica o estupefaciente o psicotrópica con la finalidad de repartirla o entregarla a terceras personas, aunque los adquirentes se le imponga el requisito de haber incorporado previamente a una lista, a un club o a una asociación o grupo similar, incluso cuando la economía de dicha asociación se limite a cubrir costes.

El Alto Tribunal entiende:

«Tratándose de consumo, que no de cultivo, compartido habrá que **estar a las pautas reiteradas en la jurisprudencia bien entendidas, es decir, no como requisitos sine qua non, sino como criterios o indicadores que orientan en la tarea de discriminar entre el autoconsumo colectivo y la facilitación del consumo a terceros**. Lo decisivo no es tanto el ajustamiento exacto a esos requisitos, a modo de un listado reglamentario, cuanto la comprobación de la afectación del bien jurídico en los términos en que el legislador quiere protegerlo. Si no, degradaríamos el bien jurídico -salud pública- convirtiendo anómalamente el delito en una especie de desobediencia a la jurisprudencia. **El ataque a ese bien jurídico penalmente tutelado no depende tanto de que se** hayan cumplimentado formalmente todas esas exigencias o no, de modo que si faltase cualquiera de ellas (local cerrado; consumo inmediato...) ya necesariamente quedaría invadido el campo penal, como de otros rasgos de mayor fuste de los que aquellos son meros indicadores».

Por lo tanto, a la vista de todo lo anterior **lo más probable es que los investigados sean condenados a un delito contra la salud pública**, pese a que habrá que analizar detalladamente cada caso concreto.

Es interesante también para el caso, en voto particular emitido en la citada sentencia, que discrepa con el fallo parcialmente, ya que entiende que, por razones de seguridad jurídica, es conveniente que el TS determine con mayor precisión los límites de la tipicidad en los supuestos de agrupaciones para el cultivo y consumo compartido:

> «Pero sin embargo renuncia a definir unos "requisitos estrictos más o menos razonables", remitiendo los límites de la tipicidad en esta materia al análisis casuístico ("examinar cada supuesto concreto"), lo que a nuestro entender constituye una respuesta insuficiente e insegura que no resuelve con claridad el problema, y por el contrario lo perpetúa. Con ello, a nuestro entender, no se atiende al cumplimiento efectivo de nuestra función esencial como Sala de Casación a la que le correspondería, **tras un largo período de indefinición e inseguridad jurídica en esta materia, resolver con precisión el conflicto estableciendo límites claros de la tipicidad en los supuestos de agrupaciones de consumidores de cannabis para un cultivo dedicado exclusivamente al consumo propio. Límites claros que sirvan de guía para la persecución y sanción penal de estas conductas, evitando desigualdades en función de criterios locales de naturaleza policial o judicial**».

Caso práctico | ¿Qué criterios son válidos para aplicar el tipo atenuado por tráfico de drogas?

PLANTEAMIENTO

«A» fue condenada por un delito de tráfico de drogas por la Audiencia Provincial de A Coruña, que le aplicó el tipo atenuado del párrafo segundo del art. 368 del Código Penal en atención a sus circunstancias personales, ya que en el momento de los hechos tenía 25 años, carecía de antecedentes penales, tenía vinculación familiar con la otra acusada, además de la condición de drogadicto de su esposo.

El Ministerio Fiscal (MF) recurre la decisión de la AP de A Coruña porque considera que se ha producido una indebida aplicación del tipo atenuado. ¿Tiene razón el MF?

RESPUESTA

Según la **STS n.º 744/2014, de 13 de noviembre, ECLI:ES:TS:2014:4626**, sí, tendrá razón:

«Las circunstancias personales del delincuente son aquellos rasgos de su personalidad que actúan como elementos diferenciales para efectuar tal individualización penológica. Ni en uno ni en otro caso se trata de circunstancias modificativas de la responsabilidad criminal, ya que, en tal caso, su integración penológica se produce no como consecuencia de esta regla 6ª (antigua) regla primera del art. 66, sino de las restantes reglas (Cfr. STS 480/2009, 22 de mayo); en relación al delito de tráfico de drogas, tiene declarado que se produce esa menor gravedad cuando se trata de la venta de alguna o algunas papelinas de sustancias tóxicas llevada a cabo por un drogodependiente (Cfr. STS 927/2004, 14 de julio); cuando se refiere a las circunstancias personales del delincuente, está pensando, como es lógico, en situaciones, datos o elementos que configuran el entorno social y el componente individual de cada sujeto, la edad de la persona, su grado de formación intelectual y cultural, su madurez psicológica, su entorno familiar y social, sus actividades laborales, su comportamiento posterior al hecho delictivo y sus posibilidades de integración en el cuerpo social, son factores que no sólo permiten sino que exigen modular la pena ajustándola a las circunstancias personales del autor, sin olvidar la incidencia que, por su cuenta, puedan tener, además, la mayor o menor gravedad del hecho, que debe ser medida no sólo con criterios cuantitativos sino también cualitativos (Cfr. STS 107/2012, 28 de febrero y 545/2012, 22 de junio).

Esa jurisprudencia enseña que, en efecto, la edad y el entorno familiar de la acusada han de ser valorados en el momento de la subsunción. Pero lo que no autoriza el precepto es a convertir aquello que tiene una significación neutra, desde la perspectiva de la individualización, en un elemento determinante de la rebaja de pena. En efecto, en el momento de los hechos, Josefa contaba 25 años de edad, por tanto había alcanzado la mayoría de edad penal tiempo atrás. La ausencia de antecedentes en modo alguno justifica la degradación punitiva. De hecho, podrá discutirse si su existencia es o no obstáculo para la rebaja de pena, pero no conduce, sin más, a subsumir los hechos en el tipo atenuado. **Ni la vinculación familiar con la otra acusada ni la drogadicción de su esposo, dibujan una situación que degrade la entidad de los hechos imputados.** Tampoco proporcionan circunstancias personales que disminuyan el juicio de reproche.

Antes al contrario, los datos objetivos, tal y como apunta el Fiscal, refuerzan la gravedad de la conducta y descartan la tipicidad que ofrece el art. 368.II del CP . La sentencia ha declarado expresamente probado que Josefa suministraba heroína al 'Grupo de Cambre', integrado por José Daniel y Covadonga, quienes, a su vez, vendían estas sustancias a pequeños traficantes y a consumidores. No estamos ante una venta esporádica o meramente ocasional de droga, sino ante una actividad delictiva sostenida a lo largo del tiempo por parte de un escalón superior en el tráfico de drogas a otros acusados que también fueron condenados en la instancia. **La acusada, en fin, se dedicaba a vender droga a otros traficantes, lo que impide considerar su conducta de escasa entidad.**

El tipo atenuado a que se refiere el art. 368.II del CP no permite la subsunción en aquellos casos en los que para justificar su procedencia se invocan los lazos familiares que eventualmente puedan ligar a los acusados. Tampoco es suficiente la existencia de un pariente afectado por la drogadicción, sobre todo, cuando la cantidad de droga cuyo comercio clandestino se favorece excede del aislado intercambio de pequeñas dosis de estupefaciente. Si a ello se añade que el hecho probado describe la tenencia de más de 7.000 euros que son resultado de transacciones anteriores, se estará en condiciones de reconocer el error de subsunción y la obligada estimación del motivo».

Caso práctico | ¿Qué cantidades determinan la aplicación de la agravante de cantidad de notoria importancia por tráfico de drogas?

PLANTEAMIENTO

En los delitos de tráfico de drogas, ¿cuáles son las cantidades necesarias para que concurra la aplicación de la agravante de cantidad de notoria importancia?

RESPUESTA

Conforme a art. 369.1.5.ª del Código Penal, se impondrán las penas superiores en grado a las señaladas en el artículo 368 del CP y multa del tanto al cuádruplo cuando fuere de notoria importancia la cantidad de drogas tóxicas, estupefacientes o sustancias psicotrópicas objeto de actos de cultivo, elaboración o tráfico, o de otro modo promuevan, favorezcan o faciliten el consumo ilegal de drogas tóxicas, estupefacientes o sustancias psicotrópicas, o las posean con aquellos fines.

Las cantidades a partir de las cuales se considera que estamos ante una cantidad de notoria importancia se determinan a partir de las quinientas dosis referidas al consumo diario que aparece actualizado en el informe del Instituto Nacional de Toxicología, según dispone el acuerdo de Sala del Tribunal Supremo, Penal, de 19 de Octubre de 2001, teniendo exclusivamente en cuenta la sustancia base o tóxica, esto es reducida a pureza, con la salvedad del hachís y de sus derivados.

A modo de ejemplo, en el caso de la heroína la cantidad se sitúa en 300 gramos; respecto de la marihuana, el límite se sitúa en diez kilos, aplicado por el TS en su auto n.º 459/2021, de 27 de mayo, ECLI:ES:TS:2021:7746A.

«La Sala de apelación sostuvo su aplicación, ya que en el acto del plenario quedó acreditada (a través de las distintas pruebas testificales de los agentes actuantes, documental y pericial sobre análisis y composición de las distintas sustancias ocupadas) (i) que en el domicilio de los recurrentes fueron ocupados 314 plantas de marihuana con un peso neto de 304,17 gramos y 1.310 gramos de cogollos de marihuana, con un peso neto de 727,52 gramos. Y (ii) que los recurrentes participaron en la transacción de los 10.500 gramos netos de marihuana que tuvo lugar en su domicilio. De modo que, como explicó de forma suficiente la Sala de apelación, el peso total de la marihuana determinante de la aplicación de la circunstancia agravante de notoria importancia ascendió a 11.531,69 gramos y vino integrado tanto por la droga hallada en el domicilio de los recurrentes (1.031,69 gramos netos de marihuana), como por la hallada en el vehículo de los adquirentes (10.500 gramos netos de la misma sustancia).
La decisión adoptada por la Sala de apelación merece ser refrendada. La cantidad de marihuana atribuible a los recurrentes se compone de ambos conceptos, tanto por la ocupada en poder de los recurrentes en su domicilio, como por la vendida por ellos (junto con Jerónimo y Jon), cantidad que asciende a 11.531,69 gramos y que excede de la cantidad determinante de la aplicación de la circunstancia agravante de notoria importancia que, con-

forme al Acuerdo del Pleno No Jurisdiccional de esta Sala de 19 de octubre de 2001, se sitúa en 10.000 gramos.

Por último, se advierte que aun cuando asumiésemos a título especulativo (tal y como sostienen los recurrentes) que no debieron tenerse en cuenta los cogollos de marihuana (con un peso neto de 727,52 gramos), la aplicación de la circunstancia agravante de notoria importancia sería igualmente aplicable, pues la cantidad de marihuana resultante seguiría siendo superior a los 10.000 gramos (en concreto, nos hallaríamos ante 10.804,17 gramos de marihuana)».

A TENER EN CUENTA. Sentencias del TS que tratan la aplicación de la agravante de cantidad de notoria importancia: STS n.° 603/2011, de 16 de junio, ECLI:ES:TS:2011:4563; STS n.° 804/2014, de 27 de noviembre, ECLI:ES:TS:2014:5079.

Caso práctico | ¿Cabe aplicar la eximente de estado de necesidad en un delito de tráfico de drogas?

PLANTEAMIENTO

«A», condenada como cooperadora necesaria en un delito de tráfico de drogas, solicita en casación que se le aplique la eximente de estado de necesidad porque iba a ser desahuciada de su vivienda por impago del alquiler. ¿Puede alegarse la eximente de estado de necesidad en un delito de tráfico de drogas?

RESPUESTA

La eximente de estado de necesidad se recoge en el apartado 5.º del art. 20 del Código Penal. Respecto de su apreciación en la comisión de un delito de tráfico de drogas, la **STS 667/1996, de 8 de octubre, ECLI:ES:TS:1996:5367**, concluyó que **la comisión de un delito de tráfico de drogas es una situación de mucha mayor gravedad que la precaria situación económica por la que pueda estar pasando quien lo comete**, por lo que, en principio, no cabe la aplicación, siquiera incompleta, de la eximente:

«Como es sabido, **para que pueda aplicarse la eximente de estado de necesidad, ya sea de modo completo o incompleto, es necesario que exista una situación de conflicto entre diversos males, de modo que sea necesario llevar a cabo la realización del mal que el delito supone con la finalidad de librarse del mal que amenaza al agente comisor, pero siempre con la condición de que no exista otro remedio lógico y normal para evitar este último, siendo también necesario que este mal que amenaza sea actual e inminente.**

Dentro de esos tres esenciales requisitos necesarios para la aplicación de esta circunstancia modificativa, el de la 'evitabilidad' es el que nos ofrece una mayor perturbación a la hora de ser interpretado, ya que se trata de un concepto muy relativo que habrá de medirse, no sólo por los datos objetivos que nos ofrezcan los hechos que rodean al delito como mal causado, y los que concurren en el mal que trata de evitarse, sino también, y en algunas ocasiones, en las circunstancias anímicas y subjetivas que acompañaban al agente en el momento de la comisión delictiva. Sobre la conveniencia de tenerse en cuenta esas circunstancias subjetivas se han pronunciado algunas sentencias de este Tribunal como las de 29 de diciembre de 1.987 y la de 8 de junio de 1.994.

Sobre la temporalidad que ha de mediar entre la comisión delictiva y el mal evitado, hemos de indicar que este último puede irse produciendo poco a poco, es decir, fraguándose con el tiempo, aunque, en esa evolución, ha de llegar el momento en que se produzca un agobio tal que se hace 'inminente' remediarlo. De ahí que la medición de este requisito debe hacerse en el momento álgido en que se provoque la necesidad imprescindible de evitarlo. Lo actual del mal no significa otra cosa (obvio es decirlo) que éste no puede tenerse en cuenta si el peligro ya ha pasado o se ha producido de manera irremediable, es decir, el mal ha de estar latente.

Ahora bien, aunque inicialmente puedan existir esos tres elementos que confirman en esencia la naturaleza de esta circunstancia modificativa, **lo principal es valorar, en cada caso concreto, el agravio o maldad cuantitativa y cualitativa que suponen los males puestos en conflicto,** de tal manera que si el mal evitable es superior o igual que la gravedad que entraña el delito cometido para evitarlo, y no hay otro remedio humanamente aceptable, la eximente debe ser aplicada de modo completo; si esa balanza comparativa se inclina mínimamente a favor de la acción delictiva y se aprecia en la situación del agente comisor unas necesidades muy poderosas para realizar la acción, la circunstancia modificativa debe aceptarse con carácter parcial (eximente incompleta); finalmente, **si en ese escalón comparativo existe una diferencia muy apreciable, la eximente no puede ser aplicable en ninguna de sus modalidades.**

En el caso concreto que nos ocupa, y partiendo de una lógica escala de valores, no ofrece ninguna duda que el **tráfico de drogas entraña una gravedad muchísimo mayor que cualquier problema económico que pueda afectar al agente comisor,** por muy agobiante que sea este problema, de ahí que la **jurisprudencia de esta Sala haya sido desde siempre proclive a entender que este delito no cabe ser compensado, ni de manera completa, ni incompleta, con la necesidad de tal remedio económico,** ya que es tanto la incidencia negativa (podríamos decir, catastrófica) que provoca en nuestra sociedad a todos los niveles (personal, familiar, etc), que hace difícil comprender que una persona pueda llevar a cabo la venta de drogas so pretexto de obtener unas ganancias para así salir de su precaria situación económica por muy evidente y grave que esta sea. Además, entender lo contrario, como bién razona el Ministerio Fiscal, sería tanto como abrir una puerta muy peligrosa a favor de la impunidad o semi impunidad de los que realizan estas detestables acciones.

Por ello, cuando se trata como en el caso enjuiciado ocurre de una persona acusada y condenada por tráfico, aunque lo sea como cooperadora necesaria del nº 3 del artículo 14 del Código, **no cabe aplicar la eximente incompleta por el hecho de que su mala situación económica la hiciera deudora de diez mensualidades de alquiler de la vivienda, con el simple temor de un posible desahucio,** desahucio con el que de forma particular se le había amenazado, pero que de modo alguno se había iniciado por vía judicial. Es decir, ni desde el punto de vista objetivo (situación económica), ni subjetivo (temor al desahucio) cabe la compensación que la eximente entraña».

Por su parte, indica la **STS n.º 233/2002, de 15 de febrero, ECLI:ES:TS:2002:1018,** que:

«Sólo a efectos dialécticos sería posible concluir afirmando, que en el juicio de proporcionalidad, **en trance de comparar los bienes en conflicto, entre una precaria situación económica y la comisión del delito de tráfico de drogas "duras", el desequilibrio axiológico es tal, que ni siquiera cabría hablar de conflicto o confrontación.**

En este sentido, nos recuerdan las sentencias nº 1998 de 28 de diciembre de 2000 y nº 552 de 29 de marzo de 2001, respecto a la exigencia normativa de que "el mal causado no sea mayor que el que se trate de evitar" lo siguiente: esta Sala ha mantenido, con los lógicos matices una línea constante en materia de narcotráfico, sobre todo en relación a las denominadas "drogas duras" como lo es la cocaína, en el sentido de rechazar la eximente completa o incompleta por entender que este delito constituye actualmente uno de los más graves males sociales por las gravísimas consecuencias que produce en un amplio espectro negativo en las personas afectadas y en sus familias y que representa por decirlo con palabras de la Convención de Viena de 20 de diciembre de 1988, suscrita por España "una grave amenaza para la salud y bienestar de los seres humanos libres y menoscaba las bases económicas, culturales y políticas de la sociedad".

Ello no indica, que no sea teóricamente posible la estimación de la eximente o atenuante del estado de necesidad justificante o exculpante en materia de delitos contra la salud pública, en aquellos especialísimos casos en que se acredite la concurrencia de los requisitos legales previstos para eximir o atenuar, sino que en la colisión entre bienes jurídicos no pueden prevalecer las situaciones de precariedad o escasez económica, frente a los gravísimos efectos que el delito de tráfico de drogas produce».

Criterio que comparte la Sala en **STS n.º 340/2005, de 8 de marzo, ECLI:ES:TS:2005:1416**, cuando declara que:

«Con respecto al estado de necesidad, hemos declarado, por todas la STS 722/2003, de 12 de mayo, que el "estado de necesidad" exige como **mínimo presupuesto** de su apreciación la presencia de un **conflicto de bienes o colisión de deberes** que la doctrina define como una situación de peligro objetivo para un bien jurídico propio o ajeno, en que aparece como inminente la producción de un mal grave que deviene inevitable si no se lesionan bienes jurídicos de terceros o si no se infringe un deber. Por tanto los requisitos esenciales o fundamentadores de la eximente, que deben en todo caso concurrir para apreciarla como incompleta son:

1º) la amenaza de un mal que ha de ser actual y absoluto; real y efectivo, imperioso, grave e inminente; injusto e ilegítimo (Sentencias de 24 de noviembre de 1997, 1 de octubre de 1999 y 24 de enero de 2000).

2º) la imposibilidad de poner remedio a la situación de necesidad recurriendo a vías lícitas, siendo preciso que el necesitado no tenga otro medio de salvaguardar el peligro que le amenaza que el de infligir un mal al bien jurídico ajeno (Sentencias de 19 de octubre de 1998; 26 de enero y 6 de julio de 1999 y 24 de enero de 2000).

En relación al delito de tráfico de drogas, el criterio jurisprudencial es **muy restrictivo** en la aceptación de la justificación completa, o incompleta, en virtud del estado de necesidad. **No se ha admitido justificación del estado de necesidad basado en las estrecheces o penuria económica, por entender que el mal causado por tal clase de delito es muy superior al derivado de la precariedad económica del traficante**, siendo preciso en tales supuestos que se extreme la exigencia de la acreditación del estado de necesidad actual o inminente del traficante, y que también se justifique la imposibilidad de resolver la situación de necesidad por otros medios (SS. 12/96 de 8 de marzo, 667/96 de 8 de octubre, 729/96 de 14 de octubre y 1005/98 de 15 de septiembre)».

Caso práctico | ¿Suministrar droga a un familiar, sin contraprestación, es delito?

PLANTEAMIENTO

Durante seis meses «A» llevó a cabo múltiples viajes a Madrid para suministrar cocaína a «B», su hijo drogodependiente.

¿Ha cometido «A» un delito contra la salud pública, en la modalidad de sustancias que causan grave daño a la salud, a pesar de que no ha habido intercambio de dinero, sino que le facilitó la droga a su hijo porque pensaba que así lo ayudaba?

RESPUESTA

Sí, tal y como resolvió el TS en su **sentencia n.º 665/2014, de 16 de octubre, ECLI:ES:TS:2014:4090**:

> «Y si bien es cierto que esta misma Sala, en las Sentencias mencionada en la Resolución de instancia y en otras anteriores y posteriores a esas, ha venido acogiendo, en efecto, **la tesis de la ausencia de antijuridicidad, en ciertos supuestos de entrega de drogas a parientes o allegados**, no debe olvidarse que **siempre se ha tratado de casos de facilitación de pequeñas cantidades destinadas a aliviar los padecimientos propios del síndrome de abstinencia que sufre el destinatario de la misma y no**, como en el propio 'factum' de la recurrida se refiere, de un **suministro continuado en el tiempo, de una elevada cantidad de droga (105 grs.)**, lo que no puede en modo alguno aceptarse, en el caso que nos ocupa, ya que ello supone facilitar el **mantenimiento de la situación de consumidor del destinatario**, existiendo, como existen, otras opciones o alternativas terapéuticas tendentes, a medio o largo plazo, a la superación del trastorno por consumo abusivo de substancias tóxicas de ilícito tráfico que el hijo de Antonio sufría».

Caso práctico | ¿Puede ser el blanqueo de capitales un delito continuado?

PLANTEAMIENTO

«A», director de una entidad de crédito, realiza una serie de operaciones bancarias de forma continuada, gestionando y moviendo diferentes cuentas, depósitos y fondos de inversión, con la finalidad de ocultar la procedencia ilícita del dinero obtenido por otros sujetos como consecuencia del tráfico de drogas.

¿Supone dicha conducta un delito continuado de blanqueo de capitales?

RESPUESTA

No. La jurisprudencia considera, de forma pacífica, que **no procede la aplicación del delito continuado en el blanqueo de capitales**, por tratarse de un **tipo penal que incluye conceptos globales**, de modo que las actividades plurales deben considerarse integradas en el tipo penal del art. 301 del Código Penal como un delito único.

Concluye al respecto la **STS n.º 928/2016, de 14 de diciembre, ECLI:ES:TS:2016:5522**:

> «Pues bien, a tenor de lo ya argumentado supra, el tipo del art. 301 ha de ser contemplado como un delito único y no como un delito continuado. En efecto, son criterios hermenéuticos los que se aplican en cada caso para otorgar un sentido determinado a un tipo penal, de modo que ante una descripción de varios actos ejecutados en el curso del tiempo se opte por considerarlos como una unidad típica de acción concebida como un único delito, o, por el contrario, se acuda a subsumir las diferentes acciones para abarcar debidamente su injusto como una unidad continuada de acción cuyos episodios han de ser penados de forma agravada mediante la unidad jurídica del delito continuado, por considerar que el engarzamiento de las distintas realizaciones típicas se hace valorativamente acreedor a la agravación propia de un delito continuado, siempre que se cumplimenten los requisitos del art. 74 del C. Penal . **En el caso del delito de blanqueo**, los argumentos que se han vertido relativos al fraccionamiento connatural a las conductas propias del art. 301 del C. Penal, así como la vinculación fáctica y jurídica con algunos de los delitos antecedentes más habituales en la práctica, como el tráfico de drogas, con una notable similitud en la estructuración de sus conductas, y, por último, los criterios axiológicos relacionados con la intensificación del injusto en los diferentes grupos de delitos y la exigible proporcionalidad de las penas, atendiendo para ello a las connotaciones de ocultación y encubrimiento de otros delitos que alberga en su esencia el delito de blanqueo, nos llevan a entender que **este delito contempla una pluralidad de actos que han de ser concebidos como la unidad de valoración típica propia de un único delito no continuado**».

ANEXO III.
FORMULARIOS

Escrito de defensa letrada por delito de tráfico de drogas

Procedimiento Abreviado n.º:

Letrado/a:

Procurador/a:

AL JUZGADO DE INSTRUCCIÓN N.º [NÚMERO] DE [LOCALIDAD]

Don/Doña [NOMBRE_PROCURADOR/A] procurador/a de los Tribunales en nombre y representación de **don/doña** [NOMBRE] y **don/doña** [NOMBRE], partes acusadas en el Procedimiento Abreviado [ESPECIFICAR], según consta acreditado en los presentes Autos que se otorgó mediante *apud acta*, y bajo la dirección Letrada de **don/doña** [NOMBRE_ABOGADO], Colegiado/a n.º [NÚMERO] del Ilustre Colegio de Abogados de [ESPECIFICAR]; ante este Juzgado tengo el honor de comparecer y como mejor proceda en derecho, DIGO:

Que de acuerdo con la Diligencia de Ordenación de fecha [FECHA] esta parte comparece y manifiesta su disconformidad con el escrito de acusación del Ministerio Fiscal, por lo que de conformidad con el art. 784.1 de la LECrim, se formula el siguiente **ESCRITO DE DEFENSA** en base a las siguientes:

CONCLUSIONES

PRIMERA.- Nos mostramos disconformes con el correlativo alegado por el Ministerio Fiscal, puesto que el pasado día [FECHA] se personaron en el domicilio de mis representados dos miembros del Cuerpo Nacional de Policía, con los números de identificación profesional [NÚMERO] y [NÚMERO], y tras realizar el registro de la vivienda se hallaron plantas de marihuana, y otros útiles que presumiblemente consideran que están destinados al tráfico ilegal.

Sin embargo, como consta en las declaraciones de los acusados anteriormente citados, el cultivo de estas plantas, se destina exclusivamente para el consumo propio, siendo la única propietaria y consumidora mi representada doña [NOMBRE] quien sufre de padecimientos por la enfermedad degenerativa que sufre [ESPECIFICAR] y que le causa graves dolores. Es por lo anteriormente relatado, que la tenencia de esta ínfima plantación, es exclusivamente terapéutica.

Se adjunta como **documento n.º** [NÚMERO] copia del Informe Facultativo del Servicio [ESPECIFICAR] de Salud.

A este respecto, el consumo medio diario de mi representada es de [NÚMERO] gramos, teniendo en cuenta que la cantidad cultivada de carácter anual es de [NÚMERO] kilogramos, se deduce que dicho cálculo se encuentra dentro de los parámetros analizados en el informe pericial (folio [NÚMERO] de las D.P.A n.º [NÚMERO]). Por consiguiente, dicha tasa se encuentra dentro de las previsiones de un consumo normal a lo largo del año, a tenor de lo previsto por los cuadros de cantidades de notoria importancia y dosis mínimas psicoactivas publicados por el Consejo General del Poder Judicial y el Instituto Nacional de Toxicología.

De igual manera, tras el análisis del informe pericial detallado con anterioridad, se desprende la escasa pureza de la sustancia, descartando en el registro efectuado en fecha [FECHA] por la dotación policial actuante otras variedades de sustancias, y ello se debe tal y como se ha explicado con anterioridad, a que la Sra. [NOMBRE] trata sus dolencias con el consumo único de esta planta que cultiva para su autoconsumo y para paliar su dolencia, hecho que convierte la conducta en atípica.

Por otro lado, se ha colaborado en todo momento con los agentes intervinientes del Cuerpo Nacional de Policía, quienes se les ha permitido de forma voluntaria y colaboradora su entrada y registro, lo que demuestra la buena fe de mis patrocinados, no habitual en aquellos individuos que pretenden cometer un acto de tráfico de drogas.

En otro orden de fundamentación, los útiles encontrados durante el registro, no puede constatarse que exista un ánimo de lucrarse con la venta de los mismos, ni que pueda considerarse como tráfico de precursores, descartando cualquier concurrencia de prueba indiciaria que acredite un nivel de vida incongruente con los ingresos que obtienen los investigados.

SEGUNDA.- Los hechos relatados no son constitutivos de ilícito penal alguno.

TERCERA.- Al no haber delito no hay autor del mismo, no siendo responsables penalmente mis representados.

CUARTA.- En referencia a las circunstancias modificativas de la responsabilidad criminal:

Respecto a doña [NOMBRE] debe aplicarse la atenuante del art. 21.2.º del código Penal, por actuar bajo una grave adicción al consumo de [ESPECIFICAR] como se acredita en el informe médico.

QUINTA.- En consecuencia, no procede imponer pena alguna al no existir delito, y sí acordar la libre absolución de los acusados con las consecuencias legales inherentes al pronunciamiento invocado.

Por cuanto antecede:

AL JUZGADO SUPLICO:

Que teniendo por presentado este escrito, se sirva admitirlo, teniendo por formulada la disconformidad al escrito de acusación emitido por el Ministerio Fiscal, y calificada la causa con carácter provisional, interesando que se admitan las pruebas propuestas mediante otrosí para el acto de juicio, y se ordene lo necesario para su práctica.

En [LOCALIDAD], a [FECHA]

Fdo. Letrado/a don/doña   Fdo. Procurador/a don/doña

[NOMBRE]   [NOMBRE]

OTROSI DIGO: Que para el acto del juicio oral se proponen las siguientes pruebas:

DOCUMENTAL

1. Como **documento n.º** [NÚMERO] se adjunta copia del informe médico del centro de salud de [ESPECIFICAR], por el facultativo don [NOMBRE], dependiente del Servicio [ESPECIFICAR] de Salud y que acredita tanto su enfermedad como su adicción.

2. Como **documento n.º** [NÚMERO] se adjunta [ESPECIFICAR].

3. Más Documental mediante lectura de lo actuado.

Toda la propuesta por el Ministerio Fiscal y demás partes personadas si las hubiere, que hago mía, reservándome el derecho a utilizarlas incluso cuando fueren renunciadas por las partes que las propusieron.

SUPLICO AL JUZGADO:

Que tenga por formulada la proposición de prueba.

En fecha y lugar *ut supra*.

Fdo. Letrado/a don/doña   Fdo. Procurador/a don/doña

[NOMBRE]   [NOMBRE]

Recurso de apelación contra condena por delito contra la salud pública

Procedimiento: [DESCRIPCIÓN]

Número [NÚMERO]/ [AÑO]

AL JUZGADO DE LO PENAL NÚMERO [NÚMERO] DE [LOCALIDAD]

PARA ANTE LA AUDIENCIA PROVINCIAL DE [PROVINCIA]

Don/Doña [NOMBRE_PROCURADOR/A_CLIENTE], procurador/a de los Tribunales y de **don/doña** [NOMBRE_CLIENTE], según queda acreditado en autos de Procedimiento Abreviado n.º [NÚMERO] cuya instrucción ha correspondido al el Juzgado de Instrucción número [NÚMERO] de [LOCALIDAD] y cuyo conocimiento y fallo ha correspondido al Juzgado al que me dirijo, como mejor proceda en derecho,

DIGO:

Con fecha de [FECHA] fue notificada a esta parte la sentencia dictada por este Juzgado de lo Penal con fecha de [FECHA] por el que se condena a mi representado como autor de un delito contra la salud pública del artículo 368 del CP.

Por el presente escrito, dentro del plazo legal conferido, interpongo en tiempo y forma **RECURSO DE APELACIÓN** ante la **AUDIENCIA PROVINCIAL** de [PROVINCIA] contra la sentencia referida en base al artículo 790 de la LECrim y los siguientes

MOTIVOS

PRIMERO. - ERROR EN LA VALORACIÓN DE LA PRUEBA: AUSENCIA TIPICIDAD (Art. 368 del CP)

La sentencia que se recurre vulnera el artículo 368 del CP por cuanto, según los hechos que declara probados, la conducta no tiene encaje penal en el tipo regulado en dicho artículo por tratarse de lo que la jurisprudencia ha denominado «consumo compartido atípico».

El Tribunal Supremo ha sido claro a la hora de delimitar lo que entiende por consumo compartido. Así, la **sentencia del Tribunal Supremo n.º 86/2010, de 9 de febrero, ECLI:ES:TS:2010:629**, recoge los criterios exigidos por el Tribunal Supremo para considerar impune dicho consumo compartido y son:

a) Los consumidores que se agrupan han de ser consumidores, pues de no serlo se corre el riesgo de potenciar en alguno de ellos su adicción y su habituación, supuesto subsumible en el delito. Lo relevante es la voluntariedad en el consumo ya iniciado;

b) El consumo ha de realizarse en lugar cerrado, a fin de asegurar que el peligro de la tenencia no se extienda a terceras personas que no participaron de lo compartido;

c) La cantidad destinada al consumo compartido ha de ser escasa, consumida en el acto conjunto; en alguna Sentencia se hace referencia a su consumo en el lugar en el que se comparte;

d) Los consumidores en conjunto han de ser pocos y determinados, como único medio para poder calibrar el número y circunstancias personales;

e) La acción de compartir ha de ser esporádica e íntima, esto es, sin trascendencia social (SAP Madrid 348/2014).

SEGUNDO. - VULNERACIÓN DE NORMAS DEL ORDENAMIENTO JURÍDICO (Art. 368 párrafo segundo del CP)

Para el caso de que no se estime el motivo anterior, entendemos que debe entenderse vulnerado el **artículo 368.2 del CP** por cuanto la propia sentencia que se recurre declara en el fundamento jurídico [NUMERO] que la conducta del condenado no reviste gravedad.

El **artículo 368 del CP** dispone que:

> «No obstante lo dispuesto en el párrafo anterior, los tribunales podrán imponer la pena inferior en grado a las señaladas en atención a la escasa entidad del hecho y a las circunstancias personales del culpable. No se podrá hacer uso de esta facultad si concurriere alguna de las circunstancias a que se hace referencia en los artículos 369 bis y 370».

Así se pronuncia también el Tribunal Supremo que en la **STS n.º 1243/2011, de 22 de noviembre, ECLI:ES:TS:2011:7785,** declara lo siguiente sobre la aplicación del referido precepto:

> «El artículo 368.2º enuncia como condiciones para su aplicación que los hechos revistan **escasa entidad** y que se den unas **circunstancias personales específicas**. Así, en lo que se refiere al presente supuesto, la conducta enjuiciada constituye un simple acto de tráfico al menudeo, según el argot al uso, último escalón en la red de distribución de la droga y, ciertamente, se trata de una única papelina, que reducida a su pureza supone 0,075 gramos de cocaína.
>
> Así, ciertamente los hechos revisten escasa gravedad. Así lo reflejó el propio Tribunal de instancia a la hora de individualizar la pena.
>
> Aunque es cierto que no concurren o al menos, no se expresan otras circunstancias personales, tiene señalada la jurisprudencia de esta Sala, (véase, por vía de ejemplo la sentencia 646/2011, 16 de junio), que la exigencia de que se haga constar los dos elementos de los que depende la aplicación del artículo 368.2º del Código Penal (entidad del hecho y circunstancias personales del culpable) deben conjugarse, en su distinta jerarquía valorativa, con la que han de ponderarse y con la distinta intensidad y cualificación que han de presentar cada uno de ellos.
>
> Sigue diciendo esta misma sentencia, que cuando la gravedad del injusto presenta una entidad tan nimia que lo acerca al límite de la tipicidad, la aplicación de la menor consecuencia no puede estar condicionado a la existencia de circunstancias personales del culpable, en tanto éstas siempre han de operar en el marco de la culpabilidad por la gravedad del hecho cometido.
>
> En tales términos, atendida la escasa entidad de la droga intervenida, y la ausencia de una circunstancia personal que, por el contrario, puede calificarse, -como dice la misma sentencia citada- de peyorativa no neutra, esto es, que a pesar de la escasa entidad merezca un mayor reproche, es patente la concurrencia de las condiciones exigidas por el párrafo segundo del artículo 368 del Código Penal para su aplicación».

A tal efecto nos remitimos al contenido de la **STS n.º 413/2023, de 31 de mayo, ECLI:ES:TS:2023:2401**:

> «"Estos subtipos atenuados responden a la necesidad de facilitar a los jueces y tribunales mecanismos que puedan servir para una correcta respuesta con el principio de culpabilidad permitiendo la adopción de penas que se consideran más adecuadas y proporcionadas a las circunstancias de los hechos y a la personales del acusado".
>
> De la misma se pueden extraer algunos aspectos de relevancia a modo de sistematización al objeto que ahora nos interesa, a saber:
>
> 1.- La "escasa entidad del hecho" debe relacionarse con la menor gravedad del injusto típico, por su escasa afectación o capacidad de lesión o puesta en peligro del bien jurídico protegido, salud pública colectiva.
>
> 2.- No se alude a la cantidad de droga, sino a la entidad del hecho. No estamos ante la contrapartida del subtipo agravado de "notoria importancia".
>
> 3.- Parece relevante el adjetivo elegido por el legislador: "escasa". La entidad -"importancia"- del hecho ha de ser "escasa". En otros subtipos atenuados se habla de "menor gravedad" (arts. 147 ó 242 del Código Penal) o "menor entidad" (arts. 351 o 385 ter) lo que parece contener una exigencia menos intensa. El calificativo "escasa" evoca la nimiedad de la conducta. La locución "menor gravedad o entidad" introduce un factor de comparación con el tipo básico: los hechos han de tener no una gravedad ínfima por sí, sino una gravedad inferior a la ordinaria del tipo básico.
>
> 4.- El subtipo atenuado es lo extraordinario por su escasa entidad».

En su virtud,

SUPLICO AL JUZGADO:

Que tenga por presentado este escrito y las copias que se acompañan, lo admita, teniendo por interpuesto **RECURSO DE APELACIÓN** en tiempo y forma contra la sentencia dictada con fecha de [FECHA] en autos de juicio oral núm. [NÚMERO] por el Juzgado al que me dirijo, se admita en ambos efectos, dándose traslado a las demás partes para que formulen escritos de impugnación o adhesión, elevándose a la Audiencia Provincial de [PROVINCIA] y

SUPLICO A LA SALA:

Que, admitido a trámite el presente, dicte resolución revocando la Sentencia referida acordándose la libre absolución de mi representado.

Por ser justicia que pido en [LOCALIDAD] a [FECHA].

Ldo.   Proc.

[NOMBRE_ABOGADO_CLIENTE]   [NOMBRE_PROCURADOR_CLIENTE]

Escrito de defensa letrada por delito de tráfico de drogas (asociación cannábica)

Procedimiento Abreviado n.º:

Letrado/a:

Procurador/a:

AL JUZGADO DE INSTRUCCIÓN N.º [NÚMERO] DE [LOCALIDAD]

Don/Doña [NOMBRE_PROCURADOR/A] procurador/a de los Tribunales en nombre y representación de don/doña [NOMBRE] y **don/doña** [NOMBRE], partes acusadas en el Procedimiento Abreviado [ESPECIFICAR], según consta acreditado en los presentes Autos que se otorgó mediante *apud acta*, y bajo la dirección Letrada de **don/doña** [NOMBRE_ABOGADO], colegiado/a n.º [NÚMERO] del Ilustre Colegio de Abogados de [ESPECIFICAR]; ante este Juzgado tengo el honor de comparecer y como mejor proceda en derecho,

DIGO

Que de acuerdo con la Diligencia de Ordenación de fecha [FECHA] esta parte comparece y manifiesta su disconformidad con el escrito de acusación del Ministerio Fiscal, por lo que de conformidad con el art. 784.1 de la LECrim, se formula el siguiente **ESCRITO DE DEFENSA** en base a las siguientes:

CONCLUSIONES

PRIMERA.- En primer lugar cabe señalar que [NOMBRE ASOCIACIÓN] es una asociación de consumo colectivo de cánnabis constituida conforme a la Ley Orgánica 1/2002, de 22 de marzo, reguladora del Derecho de Asociación, domiciliada en [ESPECIFICAR] y debidamente inscrita en el Registro General de Asociaciones.

Adjuntamos al presente escrito justificante de registro de la asociación [NOMBRE] en el Registro General de Asociaciones como **documento n.º** [NÚMERO].

El objeto de la asociación, entre muchos otros, es facilitar a los socios, todos ellos adictos al consumo de cánnabis, ya sea para uso terapéutico o lúdico el acceso a su consumo de manera responsable, controlada y legal, siempre con carácter individualizado y personal.

SEGUNDA.- Nos mostramos disconformes con el correlativo alegado por el Ministerio Fiscal, puesto que el pasado día [FECHA] se personaron en el local perteneciente a la asociación sin ánimo de lucro [NOMBRE] dos miembros del Cuerpo Nacional de Policía, con los números de identificación profesional [NÚMERO] y [NÚMERO], y tras realizar el registro del local hallaron [CANTIDAD] gramos de marihuana, y otros útiles que presumiblemente consideran que están destinados al tráfico ilegal.

Los miembros de la citada asociación don/doña [NOMBRE] y don/doña [NOMBRE], únicos socios que se encontraban en el momento del registro, les mostraros los Estatutos de la asociación así como el registro de socios, para que así los dos agentes del Cuerpo

Nacional de Policía pudieran comprobar que se trataba de una asociación de usuarios de cannabis sin ánimo de lucro legalmente constituida.

Adjuntamos al presente escrito los Estatutos de la asociación como **documento n.º** [NÚMERO] y el listado de socios como **documento n.º** [NÚMERO].

Por lo tanto, y como consta en las declaraciones de los acusados anteriormente citados, la posesión de [CANTIDAD] gramos de marihuana incautados, se destina exclusivamente para el consumo colectivo entre adictos y únicamente para los socios de la asociación.

A este respecto, el consumo medio diario de cada socio es de [NÚMERO] gramos, teniendo en cuenta que la cantidad cultivada de carácter anual es de [NÚMERO] kilogramos, se deduce que dicho cálculo se encuentra dentro de los parámetros analizados en el informe pericial (folio [NÚMERO] de las D.P.A n.º [NÚMERO]). Por consiguiente, dicha tasa se encuentra dentro de las previsiones de un consumo normal a lo largo del año, a tenor de lo previsto por los cuadros de cantidades de notoria importancia y dosis mínimas psicoactivas publicados por el Consejo General del Poder Judicial y el Instituto Nacional de Toxicología.

De igual manera, tras el análisis del informe pericial detallado con anterioridad, se desprende la escasa pureza de la sustancia, descartando en el registro efectuado en fecha [FECHA] por la dotación policial actuante otras variedades de sustancias.

Por otro lado, se ha colaborado en todo momento con los agentes intervinientes del Cuerpo Nacional de Policía, quienes se les ha permitido de forma voluntaria y colaboradora su entrada y registro, lo que demuestra la buena fe de mis patrocinados, no habitual en aquellos individuos que pretenden cometer un acto de tráfico de drogas.

En otro orden de fundamentación, y como bien se ha podido comprobar de la documentación registrada por los agentes del Cuerpo Nacional de Policía, documentación que acompañamos también al presente escrito, los socios son [NÚMERO DE SOCIOS] **(1)**, es decir se trata de un grupo reducido de adictos que están perfectamente identificados.

A mayor abundamiento, en el registro de socios, al que tuvieron acceso los agentes del Cuerpo Nacional de Policía y que adjuntamos al presente escrito como **documento n.º** [NÚMERO] está perfectamente detallado la cantidad de gramos de marihuana que consume cada uno de los socios de forma individualizada.

Por otra parte, el consumo de la marihuana por los socios se lleva a cabo siempre en el local social, que es un lugar completamente cerrado y de imposible visibilidad desde el exterior.

A mayor abundamiento, no existe ningún tipo de contraprestación económica para ninguno de los integrantes de la asociación, y en este sentido es interés de esta parte traer a colación la **sentencia del Tribunal Supremo, rec. 1777/1993, de 25 de junio, ECLI:ES:TS:1993:4510**, que reza con el tenor literal siguiente:

> «(...) dicho bien colectivo no padece cuando el riesgo o peligro para la salud de terceros, que constituye el substrato de la antijuricidad del delito, **no concurre, que es el caso del consumo compartido entre adictos, siempre que las cantidades disponibles por los copartícipes no rebasen los límites de un consumo normal y sea inmediato**, y no medie contraprestación remuneratoria alguna por parte de los drogodependientes (...)».

En el mismo sentido, citamos la **sentencia del Tribunal Supremo de 25 de enero de 1995, ECLI:ES:TS:1995:11627**, en la que se recoge:

> «(...) en el momento de la consumación anticipada, con la que se configura el tipo, no están concretados o determinados los sujetos cuyo bien jurídico, cual

es la salud pública, pueden verse afectados por el agotamiento de la acción, sin que ello signifique que no se de la posibilidad, más o menos remota de que pueda producirse el daño por ello cuando la posibilidad del daño a tercero no existe porque el consumo queda reducido, exclusivamente, a los poseedores, desaparece el riesgo de que la posesión y reparto de la droga pueda incidir en la salud de otras personas, por lo que la valoración social de estos actos de "consumo compartido" entre adictos, siempre con carácter gratuito, es la misma que pudiera tenerla los actos de consumo que estas personas pudiesen realizar aisladamente, de manera que nada valorable antijurídico tienen estos actos del autoconsumo ya sean llevados a cabo en común o individual y aisladamente (...)».

SEGUNDA.- Los hechos relatados no son constitutivos de ilícito penal alguno.

TERCERA.- Al no haber delito no hay autores del mismo, no siendo responsables penalmente mis representados.

CUARTA.- En referencia a las circunstancias modificativas de la responsabilidad criminal:

QUINTA.- En consecuencia, no procede imponer pena alguna al no existir delito, y sí acordar la libre absolución de los acusados con las consecuencias legales inherentes al pronunciamiento invocado.

Por cuanto antecede:

AL JUZGADO SUPLICO:

Que teniendo por presentado este escrito, se sirva admitirlo, teniendo por formulada la disconformidad al escrito de acusación emitido por el Ministerio Fiscal, y calificada la causa con carácter provisional, interesando que se admitan las pruebas propuestas mediante otrosí para el acto de juicio, y se ordene lo necesario para su práctica.

En [LOCALIDAD], a [FECHA]

Ldo. Proc.

[NOMBRE_ABOGADO_CLIENTE] [NOMBRE_PROCURADOR_CLIENTE]

OTROSÍ DIGO: Que para el acto del juicio oral se proponen las siguientes pruebas:

DOCUMENTAL

1. Como **documento n.º** [NÚMERO] se adjunta copia del informe médico del centro de salud de [ESPECIFICAR], por el facultativo don [NOMBRE], dependiente del Servicio [ESPECIFICAR] de Salud y que acredita tanto su enfermedad como su adicción.

2. Como **documento n.º** [NÚMERO] se adjunta [ESPECIFICAR].

3. Más documental mediante lectura de lo actuado.

Toda la propuesta por el Ministerio Fiscal y demás partes personadas si las hubiere, que hago mía, reservándome el derecho a utilizarlas incluso cuando fueren renunciadas por las partes que las propusieron.

SUPLICO AL JUZGADO:

Que tenga por formulada la proposición de prueba.

En fecha y lugar *ut supra*.

Ldo. Proc.

[NOMBRE_ABOGADO_CLIENTE] [NOMBRE_PROCURADOR_CLIENTE]

(1) El número de socios no debe de ser superior a 750 aproximadamente para que los tribunales lo consideren número reducido de socios.

Escrito de defensa por delito de blanqueo de capitales

S/Ref: [NÚMERO]

Procedimiento: [NÚMERO]

AL JUZGADO DE INSTRUCCIÓN NÚMERO [NÚMERO] DE [LOCALIDAD]

D./D.ª [NOMBRE PROCURADOR CLIENTE], procurador/a de los tribunales, en nombre y representación de D./D.ª [NOMBRE CLIENTE], como tengo debidamente acreditado en autos, con la asistencia del/de la letrado/a D./D.ª [NOMBRE ABOGADO CLIENTE], con n.º de colegiado/a [NÚMERO] como más procedente sea en Derecho ante el Juzgado comparezco y

DIGO

Evacuando en el plazo concedido el traslado que nos ha sido efectuado a los fines de lo dispuesto en el artículo 784.1 de la LECrim, por medio del presente escrito vengo a formular **ESCRITO DE DEFENSA** conforme a las siguientes:

ALEGACIONES

PRIMERA.- Negamos el correlativo primero relativo a los hechos manifestados por la acusación particular, así como la acusación por el Ministerio Fiscal, por no haber actuado mi mandante en los términos descritos.

Mi representado/a D./D.ª [NOMBRE CLIENTE] no reconoce los hechos imputados, negando la comisión del delito de blanqueo de capitales tipificado en el artículo 301 del CP por cuanto no ha llevado a cabo ninguna de las siguientes de las acciones tipificadas en aquel artículo para ocultar o encubrir el origen de los bienes supuestamente provenientes del delito cometido por D./D.ª [NOMBRE].

SEGUNDA.- La relación de hechos descrita no es constitutiva de delito tipificado en el artículo 301 del CP.

TERCERA.- Al no existir delito, quedan excluidas formas de participación y circunstancias modificativas de responsabilidad criminal.

CUARTA.- Se interesa que se decrete la libre absolución del procesado por ser inocente de los hechos que le inculpan.

QUINTA.- No procede imponer pena alguna y sí acordar la libre absolución del/la imputado/a con las consecuencias legales inherentes al pronunciamiento invocado.

SEXTA.- Se proponen los siguientes medios de prueba **(1)**:

- Testificales de D./D.ª [NOMBRE] con domicilio en [DOMICILIO] y D./D.ª [NOMBRE].

- Documental consistente en [DOCUMENTO] que obra en autos.

Por todo lo expuesto,

SUPLICO AL JUZGADO:

Tenga por presentado este escrito de defensa y por evacuado el trámite conferido en el artículo 784.1 de la LECrim, interesando que se admitan las pruebas propuestas para el acto del juicio y se ordene lo necesario para su práctica, acordando la libre absolución de mi representado.

Por ser justicia que pido en [LUGAR] a [FECHA].

Fdo.

[NOMBRE ABOGADO/A CLIENTE]

Fdo.

[NOMBRE PROCURADOR/A CLIENTE]

Fdo.

[NOMBRE ENCAUSADO]

---

(1) Tras la introducción en la LECrim del nuevo art. 258 bis a través del Real Decreto-ley 6/2023, de 19 de diciembre, las actuaciones procesales se realizarán preferentemente, salvo que el juez o jueza o tribunal, en atención a las circunstancias, disponga otra cosa, mediante presencia telemática, incluyendo las que se celebren ante los/las letrados/as de la Administración de Justicia o ante el Ministerio fiscal. En las citaciones se informará de la posibilidad de declarar de forma telemática en las condiciones establecidas en el citado precepto. Esta reforma ha entrado en vigor el 20 de marzo de 2024.

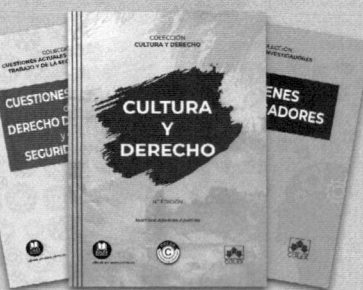